KB239485

불황을 완벽하게
타개하는 법칙

불황을 완벽하게
타개하는 법칙

오오카와 류우호오 지음

김　　지　　현 옮김

가림출판사

© Ryuho Okawa 2011

Korean Translation © Happy Science 2012

Original Japanese language edition published 'Fukyo-ni-uchikatsu-Shigotohou'

by IRH Press Co., Ltd. in 2011.

All Rights Reserved.

No part of this book may be reproduced in any form without the written

permission of the publisher.

 : 서문

　경제적으로 어려운 시대에 접어들었다. 현재로써는 대기업이나 어느 튼실한 회사가 갑자기 도산한다고 해도 그다지 이상하지는 않다. '해고될 예비군에게 주는 경고'를 부제로 내세웠지만, 누구에게 언제 닥쳐올지 모르는 일이다. 자기에게 엄격하라. 불철주야(不撤晝夜)로 공부하라. 인간학과 채산학(採算學 : 비용 이상의 수입을 얻을 수 있도록 운영하는 기술)을 몸에 익혀라. 그러면 캄캄한 어둠 속에서도 어렴풋이 한 줄기 빛이 보일 것이다.

2011년 7월 26일

행복의 과학 창시자 겸 총재
오오카와 류우호오(大川隆法)

Contents | 차례

해고될
예비군들에게
주는 경고

제1장

해고될 예비군들에게 주는 경고

해고당하지 않고
살아 남으려면

개인 레벨의 구제법이란

요즘에 나는 정치나 경제에 대해서 여러 방향으로 제언을 하고 있으며, 구체적인 예를 들어 보이기도 하고, 여러 방향의 의견도 제시하고 있습니다.

다만 현실경제에서는 많은 대기업들이 직원들을 정리 해고해 나가면서 회사를 일으켜 세우려고 안간힘을 쓰고 있습니다. 수만 명의 직원들을 거느린 회사가 수천 명의 직원들을 해고해야만 회사가 살아남을 수가 있기 때문입니다. 하물며 재정이 넉넉지 않은 중소기업들은 앞으로의 향방이 걱정스럽지 않을 수가 없습니다.

행복의 과학에서는 구체적이고 세계적인 넓은 생각으로 정치나 경제에 관한 현실적인 의견을 내놓으려고 합니다. 각자 회사에 근무하는 사람들 가운데 여러 가지 입장에 처한 사람들이 많을 것입니다.

행복의 과학에서는 몇 년 전부터 '자살 방지 캠페인' 등을 벌이고 있지만 경제가 붕괴되면서 자살하는 사람들도 점점 늘어나게 될 것이라고 예측하고 있습니다. 먹고 사는 게 힘들어지면 삶을 포기하는 사람들이 많아지는 것은 자명한 일입니다. 경제적인 어려움을 대체할 수가 없어 회사들이 문을 닫는 사태가 늘어나고, 많은 사람들이 삶의 터전을 잃게 되면서 자살하는 사람들이 늘어나는 것은 피할 수 없는 인과관계입니다.

또한 자살까지는 가지 않더라도 삶의 의욕을 잃고 병들기도 하고, 평온했던 가정에 수많은 문제가 발생되는 것은 물론, 자녀들의 학비까지도 걱정해야 하는 부모들이 많아질 것입니다. 특히 사립학교에 다니는 자녀의 학비를 감당하기 힘들어지는 일들도 생겨날 수 있습니다.

그러나 그런 사람들을 구제해야 할 정부에서는 아무런 대책을 세우지 못하고 갈팡질팡하여 국민의 신용을 잃은 상황이며,

구제할 능력이 있는지 없는지조차 가늠되지 않는 현실입니다.

예를 들어 물류의 유통을 담당하는 고속도로의 통행료 인하를 단행하려고 할 때 일본 정부는 즉시 '페리(여객선) 업계의 운영에도 영향을 미치게 되므로, 고속도로 통행료 인하와 동시에 페리 업계 쪽에 보조를 해주지 않으면 안 될 것이다'라고 판단합니다(일본은 많은 섬들 때문에 비교적 여객선의 수요가 많음).

결국 모두에게 '좋은 이미지'를 남겨야 되기 때문입니다. 고속도로를 사용하는 사람들에게도 '좋은 이미지'를, 페리 업계 쪽에도 '좋은 이미지'를 심어줘야 하기에 결국 '좋은 이미지'를 남기려는 정부의 재정은 엉망이 되고 맙니다.

따라서 '거시적인 경영체로서의 국가나 회사 등이 자신들을 지켜줄 것이고 그런 시대가 계속된다'라는 생각을 하지 않는 것이 좋을 것 같습니다.

평소에 '좋은 경영자가 되기 위한 방법' 또는 '엘리트 사원, 뛰어난 비즈니스맨이 되는 방법' 등을 중점적으로 강의하고 있습니다만, 조금 방향을 바꿔서 '해고당하지 않고 어떻게든 살아남는 방법'을 제시해 줄 필요성을 절실히 느끼고 있습니다.

역시 구제 방법을 넓혀 나갈 필요가 있는 것입니다.

설마 내가 해고를

여기에서는 '해고될 예비군들에게 주는 경고' 라는 좀 심각한 제목을 붙였습니다. 당장 해고를 당할 처지에 있는 사람들도 자신이 '정리 해고된다' 고 생각하지 않는 경우가 대부분입니다.

'해고될지도 모른다' 라고 생각할 수 있는 사람은 매우 머리 회전이 빠르고 위기를 감지하는 능력이 뛰어난 편이라고 할 수 있습니다. '위기를 감지할 수 있다' 는 것은 '대책을 세울 수 있다' 는 것이므로 위기를 벗어날 길을 찾을 수 있지만, 큰 경제 변화가 다가와도 아무런 대책을 세우지 못하는 사람은 그 파도에 휩쓸려 떠내려가게 됩니다.

예를 들어 대기업에서 1만 명을 정리 해고한다고 발표했다면, 각 부서에 배당을 합니다. 수백 개의 부서가 있으면, 1만 명을 부서의 수로 나누어 '한 부서에 몇 명……' 이라고 해고 지시가 내려질 것입니다. 즉 50명의 사원이 있는 부서에 5명이 할당되었다면 그 부서의 부장은 '우리 부서에 다섯 명을 그만두게 해야 하는데 누구에게 그만두라고 할 것인가?' 라는 고민에 빠지게 될 것입니다.

그런데 그 부장 밑에서 열심히 일하던 부원들은 '그 5명 안에 자신이 낄 것'이라고는 상상도 하지 않았을 것입니다. 그런데 어느 날 갑자기 '이 부서에서 5명 감원해야 한다'고 하는 방침이 밝혀집니다.

물론 그 명령을 내리는 사람은 무슨 부서의 무슨 과에서 누가 정리 해고당하는 것까지는 인식하지 못하지만 '회사 전체에서 몇 명 정도 줄여야만 적자 구조에서 벗어날 수 있다'는 계산을 하고 있을 것입니다.

이는 비정하다고 할 수 있지만, 적자 상태가 계속되면 회사 자체가 위태로워집니다. 예를 들어 사원이 1만 명인 회사가 문을 닫으면 1만 명의 사원들이 길거리에 나앉게 될 것입니다. 그렇게 되기 전에 오퍼레이션(수술)을 실시해야 합니다. 1만 명 전원이 길거리에 나앉기 전에 능력이 부족한 직원이라고 생각되는 사람을 먼저 삭감하고 그래도 안 되면 다시 두 번째, 세 번째의 구조조정 방안을 계속 강행해 나가야 합니다.

우선적으로 잉여 인력 부분을 삭감해 나가지만 나중에는 무익한 부문을 없애고 사업을 축소하게 됩니다. 기업이 더 어려워지게 되면, 이익이 나는 부문을 다른 회사로 매각하는 일도 생기고 어느 날 갑자기 자신이 소속된 부서가 다른 회사에 속하게 되는 경우도 있을 것입니다.

이것은 누구를 원망할 것도 없이 조직체로서 어떻게든 살아남으려고 몸부림치는 것입니다. 이러한 일들은 예전부터 많이 행해지고 있었습니다. 예를 들어 20년 전에는 '절대로 망하지 않는다' 라고 했던 일본의 은행들도 지난 20년 동안 합병, 흡수, 도산을 하고 있습니다. '가장 안전하다' 라고 했던 은행이 급격하게 변해 버렸습니다. 지금은 관공서의 공무원들도 감축에 휘말리기도 합니다. 이에 대해 공무원들이 정치가에게 비협조적인 형태로 반발하는 모습도 보입니다만, 감축되지 않으려면 공무원들도 필사적으로 열심히 하지 않으면 안 될 것입니다.

부가가치의 창조만이 조직의 존재의의

조직에는 '개개인이 따로따로 일을 하는 그 이상으로 부가가치를 창출해 내지 못하면 조직은 필요 없다' 는 것이 기본 원칙입니다. 즉 한 사람, 한 사람이 개별적으로 일하는 것이 좋다면 조직은 필요 없다는 것입니다.

A 씨가 1천만 원을 밑천으로 혼자서 사업을 하고, B 씨도 1천만 원으로 사업을 하고, C 씨도 1천만 원으로 사업을 한다' 면

각각 개인적으로 상점을 세 개 마련하여 각자의 자본금으로만 장사를 시작하는 것입니다. 그런데 세 사람이 자본금을 합쳐 하나의 새로운 조직을 만든다면 어떻게 운영해 나갈 것인가를 비교해 봅시다.

실제로는 더 많은 인원이 필요하겠지만, 이야기를 알기 쉽게 하기 위해 세 사람이라고 하겠습니다. 그 세 사람이 1천만 원씩 추렴해 자본금 3천만 원으로 사장, 전무, 상무라는 조직을 편성합니다. 또한 그들의 고용 여부도 검토하고 회사의 형태로 갖추고 신용을 쌓고 사무실도 하나로 통합해서 그럴싸하게 만듭니다. 개인 상점이 아닌 회사라는 조직이 편성되면 은행에서 대출을 받을 수 있을 것입니다.

은행에서 대출을 받고 종업원을 고용하여 상점 공간을 크게 만듦으로써 매상도 늘리고 수익을 증가시킬 수 있을 것입니다.

단순히 '1 더하기 1이 2' '1 더하기 1 더하기 1이 3'이 되는 것으로는 조직이 성립되지 않습니다. '1 더하기 1이 2'가 아닌 '3'이 되거나 '4'가 되고 '1 더하기 1 더하기 1이 3'이 아니라 '5'가 되거나 '10'이 되기도 하는 것이 조직을 만드는 진정한 의미입니다.

이 증가분이 결국 '부가가치를 창출했다'라는 부분에 해당

됩니다.

그렇다면 조직이 뭉쳐지게 되면 어떤 방법으로 가치가 증가 될까요?

만약 혼자서 채소 가게를 운영했다면 직접 상품을 매입해야 하고, 구매한 물건을 직접 고객에게 팔아야 합니다. 그러한 과 정 속에서 상한 채소가 생기게 되어 손실이 발생하기도 할 것입 니다.

혼자서 모든 일을 하는 것은 감당하기 벅차므로 '야채 가게 를 그만두고 편의점으로 바꿀까?', '작은 슈퍼라도 만들까?' 라 고 생각하여 사람을 고용하여 역할 분담을 맡깁니다. 그렇게 조 직을 만든다면 예전보다도 손님이 늘고 상품을 대량으로 들여 올 수 있어 더 저렴하게 팔 수 있습니다.

이와 같이 비용도 절감할 수 있고 많은 고객에게 만족을 줌 으로써 점점 성장해 나갈 것입니다. 그렇게 할 수 있을 때 비로 소 조직의 존재 의의가 생길 것입니다.

결국 부가가치의 창출이 회사를 만드는 기원이 될 것입니다.

해고의 대상에서 벗어나는 것

열심히 노력해서 설립한 회사가 수십 년이 지나 규모가 커지면서 점차 사원이 많아질 것입니다. 수백 명이 되고 수천 명, 경우에 따라서는 그 조직이 수만 명 규모가 될 수도 있습니다.

그 과정 속에서 조직에서 쓸모없는 부분이 많이 생겨나게 되어 조직체제 구성과 신진대사가 매우 어려워지게 됩니다.

호경기가 계속되고 회사의 이익이 창출되는 동안은 정리 해고의 걱정 없이 열심히 일할 수 있습니다. 게다가 연공서열식으로 오래 근무할수록 월급도 늘어났고, 나이가 들어 아이가 진학하고 결혼할 무렵이 되면 회사가 복지 차원에서 지원도 해주게 됩니다. 그런 '온정 경영'이 일본의 전통적인 경영이었습니다.

경제가 계속 성장할 때에는 문제가 없지만, 불경기에 접어들면서 변화가 일어난 것입니다.

예전에 리먼 쇼크 때 '백 년에 한 번 올까하는 경제 위기' 등 불안한 기사가 연일 보도되었습니다. 그 정도의 위기는 과거에 많이 있었다고 봅니다만, 그런 기사는 사람들에게 심리적인 타격을 줄 뿐 아니라 경영자들이 겁을 먹고 '재빨리 경영 체질을 바꾸지 않으면 위험하다'라고 과잉 반응하는 사람이 나타납니다.

경제 위기로 사회가 불안해지고 기업들이 도산할 때마다 생기는 자살자를 줄이고, 가정의 불행을 막아 아이들의 미래를 혼란스럽게 하지 않기 위해서는 역시 일하는 어른들 한 사람 한 사람이 노력해야만 합니다.

여기서 최소한 요구되는 노력이란 '쉽게 해고를 당하지 않도록 회사에 필요한 존재가 되어야 한다'는 것입니다. 쉽게 체념하거나 절망하면 안 됩니다. 회사에서 없어서는 안 될 존재로 능력을 발휘해야 합니다.

즉 최고 엘리트는 아니어도 해고의 대상에서 벗어나는 것이 최소한 가정에 책임을 지는 자로서 가져야 할 모습입니다.

훌륭하지 않은 아버지라 하더라도 가족을 지킬 수 있다면 다소나마 '가정의 유토피아를 지키고 있다'고 할 수 있습니다.

만약 가족이 길거리에 나앉게 되면 작은 유토피아도 붕괴되고 맙니다. 절대로 아빠가 노숙자 신세로 전락하여 아이들의 미래를 불투명하게 만드는 상황이 되어서는 안 됩니다.

그러므로 '해고당하는 대상이 되지 않기 위해서는 어떻게 해야 하는가?'에 최선을 다해야만 합니다.

무엇보다도 자신에게 엄격해야 합니다. 자신에게 엄하지 않고서는 안 됩니다. '지금처럼 타성에 젖어 막연하게 해나갈 수 있을 것이다' 라고 생각해서는 안 됩니다.

앞에서 서술한 바와 같이 '사람이 모여서 일할 때가 개인적으로 일할 때보다 일이 잘 되지 않으면 조직은 기본적으로 필요가 없다' 는 것을 염두에 두십시오. 혼자서 일하는 것이 좋다는 경우라면 조직은 필요 없습니다.

그냥 개인적으로 일하는 이상의 성과를 낼 수 없다면, 회사의 과, 부, 국, 본부, 나아가 회사의 존재가 필요 없습니다. 즉 조직은 개인이 개별적으로 일하는 이상의 성과를 거둬야만 하는 것입니다.

예를 들어 조직에 여덟 명이 있다고 하면 여덟 명이 모여서 각자가 따로따로 일을 할 때보다도 몇 배의 성과를 낼 수 있어야만 합니다.

해고를 당할 수밖에 없는 사람

대부분의 회사에서는 평상시 또는 호황일 경우, 열 명 중의 한 사람 정도는 아프거나 이동이 있어도 원활하게 일을 해나갈 수 있습니다.

그런데 불황이 되면 그러한 여유 부분이 줄어듭니다. '어디를 줄이면 본인이나 주위가 납득할 수 있을까?'가 초점이 됩니다.

해고당하기 쉬운 유형의 사원은 몇 가지 특징이 있습니다.

정리해고 당할 것 같은 사원을 살펴보면 회사나 고객의 입장에서 생각하지 못하는 사람입니다. 그런 사람은 같은 부서에서 일하는 동료의 마음도 헤아리지 못하는 것은 물론 상사의 뜻도 파악하지도 못할 것입니다. 당연히 사장이 뜻하는 바도 알 리가 없을 것입니다.

이렇게 다른 사람의 마음과 뜻을 파악하지 못하는 사람을 기본적으로 에고이스트라고 합니다. 자기중심적이고 오직 자신밖에 모릅니다.

그러한 사람은 '어떻게 하면 하루를 무사히 보낼 것인가?'라는 안일한 생각만 하고 있을 뿐, 회사에 기여하거나 고객에 대한 서비스도 형식적으로 행하고 있을 뿐 최선을 다하지 않을 것입니다.

즉 '고객에게 최선을 다해야 한다'는 의식도 없이 회사가 그렇게 시키기 때문에 의무적일 뿐, 현실적으로 실천하지 않거나 실천하고 있다고 해도 정성이 깃들지 않을 것입니다.

진심으로 회사의 발전을 바라고 상사를 지원하면서 일하고 있는가? 아니면 그 사람의 부하가 되었기 때문에 어쩔 수 없이 지내고 있는가? 그것은 위기에 닥치면 선명하게 드러난다는 것을 알아야만 합니다.

유용하지 못한 사원은 일반적으로 에고이스트입니다. 그러나 본인은 자신이 에고이스트임을 모르는 경우가 많습니다. 대부분 '이렇게 하는 것이 최선이다', '나는 보통 사람으로 살고 있을 뿐, 어떤 잘못도 저지르지 않는다' 라고 생각합니다.

항상 자기중심적이고 '어쨌든 무사히 하루하루가 흘러가기만을 바라는 마음' 으로 지내며 '조직에서 나 혼자 이상의 성과를 내지 않으면 안 된다' 라는 것까지는 생각이 미치지 못합니다.

그러나 그런 '플러스 알파(부가적인 부분)' 를 만들어내지 못하면 회사는 경기 변동에서 견딜 수 없습니다. 일하는 사람들은 '플러스 알파' 를 창출해 내야만 경기가 나빠져도 해고당하지 않고 회사도 건재하며, 본인도 살아남을 수가 있는 것입니다. 일하는 사람 수를 합한 만큼의 성과밖에 낼 수 없다면 경기가 나빠질 때 회사는 바로 휘청거리게 됩니다.

해고는 병든 곳을 도려내는 것

조직이란 인간의 모임이기도 하지만 법인처럼 일정한 경영 이념을 가지고 생명체처럼 움직이기 시작합니다. 움직이는 생명체로서 반드시 살아남기 위해서 '어떻게 하면 살아남을 수 있을까?'를 생각하게 됩니다. 신기하게도 꼭 그렇게 되고 있습니다.

따라서 매우 꺼림칙한 일일지도 모르겠지만, 회사가 적자에 빠져 위기가 닥쳤을 때 해고되고 삭감 당하는 사람을 비유한다면, '몸의 어느 부분이 병들어' 보인다는 것입니다.

암세포가 발생하면 전신에 퍼지기 전에 암세포를 제거하고, 그런 후에 건강을 다시 회복할 수 있는지 보게 됩니다. 암이 전신에 퍼지면 이미 너무 늦기 때문입니다.

암세포를 도려내는 것이 생명체로서의 조직의 작용이며, 살아 남으려면 그렇게 할 수밖에 없습니다. 윗사람이 선인(善人)이든 악인이든, 책임을 진 입장에 앉게 되면 반드시 이 같은 일을 하지 않을 수 없다는 것을 알아야만 합니다.

다만 해고 대상자를 선정할 때 망해가는 회사 안에서 무능한 경영자, 혹은 무능한 부장의 경우에는 거꾸로 판단하는 경우가 없지는 않을 것입니다.

우수한 사원들에게 '당신은 유능하여 어느 회사든 갈 수 있으니까 회사를 그만 두어라'라며 내보내고, 정에 이끌려 능력

없는 사원들에게는 '당신은 여기 아니면 갈 곳이 없으니 우리 회사에라도 남아라' 라는 식으로 반대로 판단하는 사람도 없지는 않습니다.

'A군은 우수하니까 다른 회사에서도 분명 살아갈 수 있다. 그러니 빨리 도망가라. 회사가 망하기 전에 떠나는 것이 좋다. 그러나 B군은 아무데도 받아주는 곳이 없을 테니 여기에 남아 있도록……' 이런 상사가 있는 회사는 흙으로 빚은 배와 같으며 결국은 '타이태닉호' 처럼 흔적도 없이 가라앉아 버릴 것입니다.

이런 사고를 지닌 부장이나 경영자인 경우에는 망해도 어쩔 수 없기 때문에 그냥 포기하십시오.

회사가 살아남기 위한 최소한의 라인은 앞에서 언급했듯이 병든 부분이라고 생각되는 것을 제거하는 일입니다. 살아남는 회사는 반드시 그렇게 움직일 것입니다.

회사에
위기가 닥쳤을 때

불편한 진실은 전하기가 힘들다

조직에는 항상 위기가 도사리고 있습니다. 회사를 경영하자면 도산까지 가기 전에 몇 가지 증세가 나타날 것입니다. '우선 노란 신호가 나타난 다음 빨간 신호가 나타난다' 고 표현하고 싶습니다.

적신호가 나타난 회사는 '사원 전체가 위기 상황을 감지조차 못하고 있다' 는 것입니다.

예를 들어, 오래 전에 금융위기로 야마이치증권(山一證券)[1]이 망했을 때 도산 당일 '오늘 야마이치가 도산한다' 는 것을 파악했던 사람은 회사에 서너 명 정도였던 것으로 알려져 있습니다.

다른 사원들은 도산 당일에도 자신들의 회사 주식을 사 모으고 있었습니다. 참으로 안타까운 사연이지만, 기특하게도 휴지 조각이 될 주식을 사서 회사를 살리려고 필사적으로 노력하고 있었던 것입니다.

사장과 경영기획실의 서너 명 정도만이 회사의 도산을 알고 있었다는 것입니다.

'도산 당일, 사원들이 자사의 주식을 열심히 사고 있었다'는 눈물겨운 사연이 전해지자, 사장이 퇴임 회견에서 '사원들은 잘못이 없습니다. 잘못은 경영자에게 있습니다'라며 눈물을 흘렸다고 합니다.

그러나 도산 당일에 자사 주식을 사고 있었다는 것은 회사가 망할 정도의 위기에 있다고 믿지 않았다는 것입니다. '회사가 최악의 상태지만 곧 괜찮아 질 것'이라고 믿으려 했다는 것, 이것은 곧 내부에서도 경영 정보를 철저히 은폐하고 있었다는 것을 의미합니다.

---

❶ 일본의 증권회사(證券會社). 오랫동안 노무라(野村)증권, 야마토(大和)증권, 닛코(日興)증권과 함께 일본의 '4대 증권사'의 일각에 있었지만 부정회계(손실 은폐) 사건 후의 경영 파탄에 의해 1997년에 폐업됐다.

경영자가 사원들을 무시했거나 사원들이 경영자를 신뢰하지 않았거나 어느 쪽인지는 모릅니다만, 위기에 처한 회사를 숨기기에 급급했던 것만은 사실입니다.

'불편한 진실'이라고 하면, 미국의 고어 전 부통령의 다큐멘터리 제목 같지만, 그런 회사는 '회사 내의 불편한 진실은 어떻게든 감추려고만 한다'는 것입니다.

경영자 측에서는 '사원들에게 알려지면 좋을 것 없다'는 불편한 진실은 알려 주지 않으려고 합니다만, 열심인 사원들도 '상부에 알려져서 좋을 것 없다'는 불편한 진실에 입을 다물었던 것입니다. 경영자도 사원들도 불편한 진실을 외면한 채, 듣기 좋은 정보가 난무하는 허구에 가득 찬 회사가 되어 버렸습니다.

만일 잠수함이 침몰될 경우, 선실 전체에 물이 들어가지 않도록 각 블록의 해치가 닫히게 되어 있는데 그런 식으로 각 부서가 분리되어 있고, 정보의 전달이 어렵게 된 경우가 많습니다. 이것은 일종의 섹셔널리즘(sectionalism)이라 할 수 있습니다.

특히 좋은 정보가 전달될 때는 위에서 아래든, 아래에서 위로든 쉬운 일이라고 봅니다. 좋은 정보는 칭찬할 일이기 때문에 흘려보내기는 그리 어려운 일이 아니지만, 나쁜 정보를 흘리는 사람은 환영받지 못합니다.

나쁜 정보를 전달하거나 알려지면 경영자에게는 체면이 망가지는 일이고 일반 사원의 경우에도 '이것은 회사에 누가 될지도 모른다'는 생각이 듦과 동시에 '이러한 사항이 윗사람들에게 알려지면 내 위치가 위태로울지도 모른다'라고 생각될 수 있기 때문에 숨기고 싶을 것입니다.

예를 들어 원자력 발전소에서 방사능 누출을 발견한 사원이 있다면, 그 사원이 '이것을 보고하면 나는 어찌될 것인가?'라고 갈팡질팡하다가 모른 척한다면 어떻게 될까요?

사장이 해임되는 것은 시간문제겠지만, 원자로 자체도 폐쇄되고 전원이 일자리를 잃게 될 수도 있습니다.

'사원인 자신들 뿐만 아니라 지역 주민들에게까지 위험이 노출되기 때문에 지켜야 한다'는 의식을 가졌다면 방사능 누출이 발견되었을 때 '내가 위험한가?'라는 것은 부차적인 문제가 될 것입니다. 경우에 따라서는 인근 주민은 물론 더 많은 시민들이 위험하기 때문에 지체 없이 보고해야 합니다.

상사인 과장이나 부장이 '그것을 보고하면 내 책임이 따르기 때문에, 위에 올릴 수 없다'라고 완강하게 저항하여 두 번, 세 번 보고해도 보고를 무시할 수도 있겠지만, 방사능 누출이란 중

대한 문제이며, 원자력 발전소에서는 무슨 일이 있어도 최고위층까지 보고해야만 하는 중대 안건입니다. 이것은 최고위층이 알지 못했다는 것으로 끝나지 않으며, 몰랐다는 것 자체로도 해임되고 책임이 뒤따르며 사회적으로 지탄받을 일입니다.

따라서 비록 상사가 완강하게 저항한다고 하더라도 어떤 방법을 동원해서라도 최고위층까지 보고해야 한다고 여긴다면 목숨을 건 각오로 보고해야만 합니다. 그렇게 해야만 직업윤리를 지키는 것이고 책임감 있는 행동이 될 것입니다.

쌓기는 힘들어도 순간에 잃어버릴 수 있는 신용

신용을 쌓는다는 것은 하루아침에 이뤄지는 일이 아닙니다. 신용은 수년에 걸쳐서도 쌓기 힘든 일이지만, 하루아침에 잃어버릴 수도 있습니다. 이 역시 허망하고 괴로운 일일 것입니다.

예를 들어, 예전에 미에 현(三重縣)의 이세(伊勢)라는 곳에 있는 일본의 전통 명물 떡 가게인 '아카후쿠(赤福)'[2]가 유통기한과 제조일자를 위조한 사건이 있었습니다. 사건 이후, 미에 현 쪽을 찾았을 때 아카후쿠가 어떻게 되었는지 궁금해서 여기저기 상품을 살펴보았더니 예전에 비해 형편없어졌다는 것을 느꼈습니다. 선물로 사가기에는 사건을 기억하는 사람이 많다는 것입니다.

아카후쿠는 처음에는 나고야(名古屋) 근방에서만 판매한다는 것으로 철저하게 제한했습니다. 그러다 교토(京都)에서도 팔게 되고 때때로는 도쿄 등지에서도 팔게 되었습니다.

왜냐하면 품질의 신선도를 유지하기 위해 당일 만든 제품은 당일만 판매하기 때문에, 나고야 근방까지밖에 판매할 수 없다(멀리 출하할 수 없다는 뜻)는 것이었습니다.

단팥이 하루밖에 가지 않는다고는 생각되지 않기 때문에, 손님들은 그날그날 폐기처분하는 재고가 아깝다라고 느끼면서도, 품질에 대한 신념이 대단하다라고 신뢰했던 것입니다.

내부 고발도 있었을 것이고, 다른 방면에서도 조사의 손이 뻗쳤을지도 모르지만 제조일자를 허위로 조작한 사실이 드러나

❷ 일본의 전통 과자 브랜드. 유통기한을 넘긴 재료를 사용하고, 점포에서 팔리다 남아 반품된 제품의 제조일자를 고쳐 재판매하는 등의 수법으로 부당이익을 취해 당국의 조사를 받음. 주로 단팥을 이용한 일본 고유의 '모치(떡)'를 만들어 판매하는 아카후쿠는 일본의 유서 깊은 이세 신궁(伊勢神宮)이 있는 미에(三重) 현 이세 시(伊勢市)에서 3백 년 전에 창업한 업체로 특히 이세 신궁 참배객을 중심으로 전국적으로 이름을 떨쳐왔으나 미에 현과 농수산성의 조사 결과, 아카후쿠는 포장을 뜯어 제조일자를 고친 제품은 A, 제조일자가 정확한 제품은 B, 제조일자를 하루 뒤로 표시한 미출하 제품은 C, 1차 냉동한 뒤 표시된 날짜에 해동시켜 출하하는 제품은 D로 표시하는 등의 교묘한 방법을 사용해 온 것으로 드러났었다.

자 고객들은 배신감에 등을 돌려버렸습니다.

덧붙이자면 출판업계에서도 발행일을 살짝 넘겨 인쇄하기도 합니다. 특히 월간지는 발행일을 먼 날짜로 인쇄합니다. 왜냐하면 실제 발행일을 인쇄하면 반품이 빨라지기 때문입니다.

예를 들어 3월 1일 발매의 경우 '4월 1일 발행'이라고 인쇄합니다. 나는 어린 시절부터 '왜 한 달 후로 찍혀 있을까?'라고 오랫동안 의문을 가졌습니다만, '3월호'라고 쓰인 경우 4월 1일이 되면 모두 반품되기 때문에, 조금이라도 오래 서점에 놓아두기 위해서는 3월에 발매하는 것을 '4월호'라는 식으로 한 달후의 날짜로 발행하는 것입니다.

잡지는 썩는 것도 아니기 때문에 고육지책으로 그렇게 하는 것이 업계의 관행이라고 합니다.

어쨌든 아카후쿠는 당일에 폐기하기 때문에 다른 지역에서는 팔지 않는다는 것이 거짓말로 드러났고 폐기한다고 하고서는 실제로는 그 단팥을 다른 제품의 재료로 재활용했다는 사실이 밝혀졌으니 다시 신용을 얻으려면 수년이 걸릴 것입니다.

비슷한 사건은 아카후쿠 이외에도 몇 가지 더 있었습니다. 홋카이도(北海道)의 명물 초콜릿 쿠키인 '하얀 연인(白い戀人)'도 그렇습니다.

하얀 연인이라는 상품명은 사장실에서 지어진 제품명이라고 합니다. 어느 날 사장이 사원들과 회의 도중에 창밖에 눈이 흩날리며 내리는 것을 보면서, '하얀 연인들이 내려오고 있군······' 이라고 했더니, '멋진 이름이네요. 상품명으로 합시다' 라고 의견이 모아져 결정된 것입니다.

그래서 하얀 연인이라는 상품명으로 발매를 했더니 엄청나게 판매되어 홋카이도의 명물이 되었던 것입니다. 이 하얀 연인도 마찬가지로 유통기한을 속여 오래된 상품들을 팔고 있다는 것이 발각되어 당국의 조사를 받았습니다.

신용을 잃는다는 것은 고통스런 추락입니다.

센바킷초(船場吉兆)[3]라는 기업형 고급요리점도 마찬가지였습니다. 센바킷초라고 하면 킷초그룹(吉兆グループ) 계열사의 하나

---

❸ 1930년 창업자인 유키 테이치(湯木貞一, 1997년 사망) 씨가 오사카에 가게를 연 뒤 1970
~1990년대에는 도쿄에서 세계 정상회의가 열릴 때마다 일본요리를 담당할 정도로 일
본을 대표해 온 기업형 식당. 문제가 된 센바킷초는 1991년 5개로 나누어 창업자의 네
자녀가 각기 계승한 '킷초' 그룹 가운데 3녀 부부가 맡은 그룹. 사장인 유키 사치코(湯
木佐知子)는 기자회견을 통해 남편인 유키 마사노리(湯木正德) 전 사장이 식자재가 부족한
경우 등에 음식을 재활용하도록 지시했다고 설명. 기자회견 당일, 처음에는 '본점 외에
다른 곳에서는 이런 일은 없었다' 고 강조한 뒤 들어갔다가 담당 변호사가 '하카타(博多)
점에서도 있었다고 한다' 고 말하자 보도진 앞에 다시 등장해 '다른 가게에서는 없었다.
'손대지 않은 요리' 와 '먹다 남긴 음식' 은 다르다' 고 강변했다. 그러나 1시간 뒤 하카타
점의 점장(店長)이 다른 3개 점포에서도 같은 일이 있었다고 밝히자 '다른 점포에서도
이런 일이 있었다' 고 시인해서 신용이 추락했다.

로 일본에서는 명문 중의 명문입니다.

백화점의 다양한 음식점에는 점심때 어느 곳이나 만원이어서 한참을 기다려야만 겨우 자리가 납니다. 그러나 킷초에 가면 조용하게 텅텅 비어 있습니다. 왜냐하면 가격이 워낙 비싸기 때문입니다. 점심식사가 5천 엔(약 7만 원)이나 만 엔(약 13만 원)이기 때문에 접대가 아니면 보통 사람은 이용할 엄두가 나지 않습니다. 차별화 된 고급 음식점이었던 킷초도 매출을 고려하지 않을 수가 없었을 것입니다.

명성이 자자했던 센바킷초 역시 손님에게 나갔던 음식을 손대지 않았다고 다른 손님에게 다시 내보내고 있었다는 '음식 재활용'이 발각되어 결국 망해 버렸습니다.

아마도 그런 일은 다른 음식점에서도 종종 일어나는 일일 것입니다. 손님이 손대지 않고 그대로 주방에 돌아온 음식을 다시 데워서 내보낸다는 일은 대부분의 가게에서도 하고 있는 일인지도 모릅니다.

그러나 역시 킷초의 브랜드가 문제였던 것입니다. '그 가격의 수준에서 용납할 수 없는 일이다'라는 것입니다. 만약 그것이 어느 시골 어촌 항구의 일반 식당에서, 손님이 손대지 않은 것을 다시 데워낸 정도라면 평판이 떨어질 정도로 끝나고 망하는 데까지는 가지 않았을지도 모릅니다. 역시 믿었던 브랜드를 용서할 수 없다는 것이었겠지요.

그런 면에서 신용을 잃어버리는 혹독한 대가를 치르게 된 것입니다.

몰랐다라는 변명은 용서받지 못할 일

사회 문제로 쟁점화 되어 하루아침에 회사가 무너질 수 있는 경우는 '아마도 사장에게까지 사실이 보고되었을 것이다'라고 추측할 수 있습니다. 센바킷초가 망하게 된 과정은 '사장도 틀림없이 알고 있었다'고 추정할 수 있습니다.

처음에는 주방에서 짧은 생각으로 저지른 일인지도 모릅니다. 그러나 아무도 보지 않으니 모를 것이다라는 막연한 행동들을 언제까지나 숨길 수는 없었을 것입니다.

사실을 밝혀내기는 어렵지만, 최고 책임자는 모든 것을 알아야 하기 때문에 책임을 져야 하는 것은 물론 관리 소홀로 책임을 면하기는 어려웠을 것입니다.

'나는 몰랐다'라는 변명은 용서받지 못할 뿐 아니라 사회적으로 지탄받게 됩니다. '음식 재활용은 주방에서 멋대로 벌인 일이며, 사장인 나는 전혀 몰랐습니다'라는 변명은 기업형 고급요리점의 사장이라 더 용서받지 못합니다.

경영자로서 다른 사업도 운영하고 있어서라고 바쁨을 핑계로 동정을 받으려 한다면 봐주는 사람이 있을 지도 모릅니다만, 한 가지 장사만 하면서 문제를 일으켰다면 더더욱 용납을 받을 수가 없을 것입니다.

자동차 회사도 결함 자동차라는 것을 알면서도 '재고가 없어질 때까지 계속 판매한다', '문제가 될 때까지 계속 판매한다'는 지시를 내린다면 망하는 것은 시간문제입니다.

최고 책임자가 알고 있다면 더 이상 도망갈 곳은 없지만 대부분의 경우, 정보가 올라가려면 시간이 걸리는 것이 보통입니다. 중요 내용이 간단하게 윗선까지 보고되지는 않습니다.

회사의 양심으로 대응한 마츠시타전기

'역전(逆轉)의 발상'도 있습니다.

예전에 파나소닉이 아직 마츠시타전기(松下電器)였던 시절에 석유 팬히터로 소비자의 사망사고가 일어난 적이 있었습니다. 실제로 사고가 난 것은 몇 대 정도였지만, 곧바로 '전부 수리,

또는 판매된 제품 모두 회수한다' 는 방침을 내렸습니다.

그렇게 되자 그 제품을 구입한 전 고객에게 고지를 해야만 했습니다. 그런데 누가 구입했는지 모르기 때문에 전 국민에게 공지하자고 해서 엽서를 수천만 장을 찍어 모든 고객에게 발송했습니다.

그것은 당연히 회사의 광고가 될 수도 있다는 계산된 일이라고도 생각되지만 몇 대가 사고가 난 것만으로도 '해당 연도의 생산 제품을 모두 수리 · 회수한다' 는 것을 국민에게 알린 것은 일종의 양심적인 행위였다고 봅니다.

선전하기 위한 점이 있었다고는 해도 좀처럼 실행하기 힘든 일이었습니다. 대부분 사망한 사람들의 가족에게 보상하면 그걸로 끝이다라고 생각할 수 있었습니다. 하지만 마츠시타전기는 '제품에 결함이 있어 사람이 사망했다'는 것은 엄청난 사고이고, 회사에서는 당연히 해야 할 일이라는 판단을 했던 것입니다.

사용자의 과실도 간혹 있기 때문에 회사 측도 변명할 수도 있었지만, 전력을 다해 해결에 임한다는 자세가 위기에 대응하는 조직의 생존이 되었던 일입니다.

직원들은 그와 같은 회사의 대응이 옳은가, 그른가?는 잘 알 수 없을 것입니다. 예를 들어 일반 사원이라면 고객이 팬히터 사용 중에 일산화탄소 중독으로 죽었다는 사고가 발생했을 때 어떤 방법으로 처리할까요?

조직적으로 말단 사원의 보고가 상사들에게 잘 통했을까요? 제품을 생산한 공장에 책임을 전가하거나 여러 가지 반응이 있었으리라 생각됩니다.

회사가 위기에 처할 것이라고는 꿈에도 생각지 못했을 것이고 먼저 1차 정보를 접한 직원이 '이 일은 모든 국민에게 고지해야 한다' 라든지 '해당 연도에 제품을 구입한 고객들을 조사해서 회수하고 보상하지 않으면 안 된다' 라고 현실적인 제안을 할 수 없었을 것입니다.

그런데 사장에게 보고가 올라갔더니 전 국민에게 엽서를 보내는 방침이 내려졌던 것입니다. 그 고지비용만으로도 당시 몇 십억 엔이나 들었을 것입니다.

역시 경영자의 신속한 판단이 중요합니다.

정보를 잘 올리는 사원은 상사에게 신용을 받는다

망하는 회사의 위기를 살펴보면 '보고나 연락이 잘 되지 않는다'는 상황이 있습니다. 즉 사원들이 안일한 근무 자세다라는 것입니다.

근무가 태만한 자는 결국 먼저 해고 대상자가 됩니다. 자신만 챙기기에 급급한 직원이 먼저 해고당하는 것입니다.

신기하게도 그것은 자기중심적이기 때문입니다. 어떤 의미에서는 상사나 경영진에 대해서도 성실하게 임하지 않습니다. 부하직원이 몸을 사리면 결국에 상사의 책임은 증대됩니다.

상사는 결과에 대한 책임을 지기 때문입니다. 세상 사람들은 '사장이 직접 요리하는 것은 아니다', '사장이 직접 공장에서 만들고 있는 것은 아니다'는 것은 알고 있습니다. 그러나 소비자에게 끼친 결과에 대한 책임을 묻고 있는 것입니다.

그런 의미에서 어느 정보가 중요한 것인지의 판단은 매우 어렵겠지만, 항상 최선을 다하며 업무에 대한 감을 갈고 닦는 것이 매우 중요합니다.

실제로 조직의 위기를 보고하면 눈 밖에 날 수도 있을 것이며, 그런 보고를 싫어하는 상사도 있을 것입니다.

상사가 싫어해도 비슷한 상황이 발생했을 때, 반복 또 반복해서 보고를 하는 사원은 사실 신뢰가 갈 것입니다. 상사는 귀찮은 척하면서도 이 사람의 책임감과 의지력은 신용할 수 있다는 것을 느낍니다.

그런 부하직원을 거느린 상사는 모든 일을 마음 편하게 해나갈 수 있습니다. 업무가 잘못되었을 때는 반드시 보고해 올 것이다라고 믿기 때문에 다른 일들도 발 빠르게 추진해 나갈 수 있는 것입니다. '중요한 정보를 보고 하지 않는다' 라고 느껴지면 매사에 안심할 수 없습니다. 모두 알고 있는 것을 혼자 모르는 일도 있을 것입니다.

다만 잡다한 정보이거나, 허위 정보이거나, 또는 단순한 교란 정보일 수도 있습니다. 그런 경우 한두 번 정도는 그럴 수 있다고 보지만 계속해서 반복되면 능력 부족으로 신뢰감이 실추되기도 합니다.

무슨 일이 있어도 상사에게 전해야 할 중요한 정보의 경우, '싫다', '귀찮다', '저 녀석은 상식이 없다' 고 간주되겠지만, 따가운 눈총을 받으면서도 꾸준히 진실을 고하는 직원이 신뢰를 받기 시작하고 '역시 저 녀석이야' 라고 평가받게 됩니다.

올바른 판단을 했던 회사원 시절

행복의 과학을 시작하기 전에 종합상사에서 근무했었습니다. 그 시절엔 문제가 발견되면 상부에 거침없이 의견을 제시했기 때문에 동료나 윗사람들 눈에 가시였는지도 모릅니다.

'입사 2, 3년 차의 신입이 임원에게 보고하는 건 건방지다. 분수를 알아라' 라는 식으로 충고해 주는 선배도 있었습니다.

그래도 미심쩍은 일들은 그대로 넘길 수 없어 보고를 할 수밖에 없었습니다.

뉴욕에서 근무할 당시, 중역들에게 불상사가 발생했을 때, 평소에 '너는 건방진데다가 사소한 것까지 보고를 해서 사람들이 싫어한다' 라고 말하던 선배로부터 편지를 받았습니다. 그 편지에는 '자네라면 말릴 수 있었을 텐데 왜 그렇게 하지 않았느냐' 라고 쓰여 있었습니다. 그렇지만 뉴욕 지사장과 재무 부장이 의견 차이를 보이고 있는데, 말단인 내가 어떻게 사태를 막을 수 있을까요? 연수생 입장을 알면서도 본국의 선배는 어떻든 추이를 보고 하라는 것이었습니다.

사실 나는 해고를 당할 각오로 '절대로 해서는 안 됩니다' 라고 세 번 정도 제언했었습니다. 그러나 상사는 듣지 않았습니다.

'본사에서는 절대로 인정할 리가 없으니 그렇게 하시면 안 됩니다' 라고 그 부장에게는 확실히 경고를 했었습니다.

당시 뉴욕의 재무부에서 독자적으로 자금조달을 하려고 했던 것입니다. 은행 금리가 높았기 때문에 기업어음(단기 무담보 약속어음)을 사용하여 자금을 마련하려고 했던 것입니다.

회사에는 일본에 주거래 은행과 부거래 은행이 있었는데, 그 곳에서 승인을 받지 않고 미국 은행과의 뒷거래로 보증을 세워 자금조달을 하려는 것이었습니다. 즉 뉴욕 재무부가 단독으로 진행하려고 계획했던 일이므로 '절대 부장님 혼자의 결정사항이 아니기 때문에 본사의 양해를 구해야 합니다'라고 진심을 토로했었습니다.

그러나 상사는 '본사와 상의를 하면 거부당할 것이기 때문에 단독적으로 은행과 연합하여 자금을 조달해야 한다. 지금이라면 싼 금리에 막대한 자금을 손에 넣을 수 있기 때문에 결과적으로 문제없이 잘 될 것이다'라는 것이었습니다. 상사는 빨리 일을 처리하고 나서 설득하면 될 것이라 여겼던 모양입니다.

'그렇게 쉽게 일이 진행되지 못할 것입니다. 꼭 본사와 상의하면서 진행해야 합니다'라고 적극 만류했었습니다. 주거래 은행도 부거래 은행도 뉴욕에 사무실을 두고 있기 때문에 본사 쪽을 압박할 것은 당연한 일이었기 때문이었습니다.

'적어도 규칙은 지켜야만 합니다. 규칙을 지켜서 뉴욕의 주거래 은행에서는 그것을 인정해 주지 않는다는 것을 미국의 은행 쪽에 인정시켜야만 합니다' 라고 과장이나 부장에게 강력하게 직언했지만 그들은 '그렇게 해도 소용없다. 일본 은행은 능력이 없어 미국에서 자금조달을 할 수 없다. 그런 곳을 상대할 힘도 없으니 외국 은행과 관계를 맺는 편이 빠르다' 고 했었습니다. 성격이 급한 사람들이었기 때문에 결국 뉴욕 지사장과 언쟁이 일어나고 말았습니다.

결과적으로 부장도 과장도 경질되었고, 내가 일본으로 돌아왔을 때 과장 대우로 승진되어 있었습니다. 상사들보다 부하가 더 신뢰를 받은 것으로 '내 판단이 옳았다' 는 것입니다. 사실 내가 상사보다도 거시적으로 보고 올바로 판단하고 있었던 것입니다.

'자금조달의 기회이므로 외국 은행과 얼른 처리해 버리는 편이 빠르다' 는 상사들의 의견이 옳은 판단이었을지 모르지만, 미시적 판단이었습니다. 거시적 판단은 '1천억 엔 규모의 돈을 대출해 준 주거래 은행 등을 월권해 버리면 나중이 힘들어진다' 는 것입니다. 임원이 되려는 사람이라면 위기에도 정확한 판단을 할 수 있어야 합니다.

뉴욕의 재무 부장까지 지냈음에도 임원이 되지 못한 분은 그 사람이 처음이자 마지막이었습니다. 상무나 전무까지 출세가 보장된 위치임에도 결국 도태되고 말았던 것입니다.

인사이동을 보면 최고 책임자의 의도를 알 수 있다

회사 안에서 자신에게 주어진 일에만 최선을 다하고 있을 것이 아니라 회사의 전체적인 움직임을 파악하는 것도 매우 중요합니다.

회사에서는 인사이동에 대한 회람도 게시되고 있을 것이고 인사의 방향을 살펴보면 사장이 어떤 의도를 지니고 있는지를 파악할 수 있습니다.

'사람이 어떻게 움직이고 있는가? 누가 승진하고 누가 경질되고 있는가? 유력한 인재를 어느 쪽으로 이동시키고 있는가?'를 보면서 경영 방침을 명확하게 읽을 줄 알아야 합니다.

사장과 직접 대화를 나눌 수는 없지만 '사장의 방침은 무엇인가?'를 늘 생각해 두어야 합니다. 자신보다도 하나나 둘 정도 높은 지위에 있는 사람들이 생각하는 것과 같은 사고방식을 가지고 있는 것이 '필요한 사원의 조건'입니다. 자신이 속한 조직이라는 작은 범위만 생각하는 사원은 작은 톱니바퀴일 뿐이어서 언제 잉여 인력으로 정리 해고될지 모릅니다.

비록 자신이 속한 부서의 일개 섹션 속의 작은 톱니바퀴라고 해도, 다른 부서나 회사 전체의 움직임에 대해 최대한 파악해서, 전체적으로 읽고 올바른 판단기준을 세우는 것이 중요합니다.

그리고 그 전체에서 본 올바른 판단기준에 비추어 상사에게 보고해야만 하는 안건을 추려내어야 할 것입니다.

불황 속에서
살아남는 방법

영업능력과 기획력 · 제안력을 발휘해야 한다

불황 속에서 살아남는 방법을 살펴보면 두 가지입니다.

첫째는 불황에서는 영업능력으로 이겨야 한다는 것입니다.

영업능력을 강화하고 점검해서 직접 판매촉진에 나서는 것, 그리고 남보다 더 뛰는 것입니다. 일일이 고객을 방문하여 조그만 일에도 귀 기울여 주고 최선을 다해 애프터서비스를 해줍니다. 고객의 개인 정보 등도 여러 가지로 알아내서 고객의 기호에 맞춰 영업 활동을 펼치는 것이 중요합니다.

이렇게 영업 활동을 강화하는 것도 생존 방법 중의 하나입니다.

둘째는 기획력과 제안력을 높이는 것입니다.

이것은 아주 중요해서, 특히 본사에서 일하는 사람은 기획력이 없다면 두각을 나타낼 수도 없고 존재의 의미가 거의 없다고 해도 과언이 아닙니다.

회사는 영업에 종사하지 않는 간접부문[4]이 많이 있는데, 경영 적자가 일어나면 직간비율(直間比率)[5]을 바꾸기 시작합니다. 즉 간접부문을 줄이고 직접부문 쪽에 비중을 두기 시작할 것입니다.

불경기가 계속되고 경영이 악화되면 관리 부서를 줄이고 영업 부분에 인재를 이동시키기 시작합니다.

예를 들어 간접부문인 관리부서에 3할의 사원이 있고, 직접부문인 영업부서에 7할의 사원이 있다고 합시다. 불황이 되어 경영이 악화할 때 직간비율을 바꿔서 관리부서를 2할로 하고 영업부서를 8할로 늘립니다.

돈을 벌어오는 사람을 늘리고 일인당 할당량을 늘리면 매출은 확실히 증가합니다. 그와 같이 재고를 처리하여 최대한 영업

---

❹ 돈을 벌어들이는 부문이 직접부문, 직접부문을 지탱하는 것이 간접부문
❺ 직접부문과 간접부문의 비율

이익을 높여가야만 회사가 견뎌낼 수 있는 것입니다.

모두가 뜻을 모아 열심히 해야 하겠지만, 관리직에 몸담은 사람들도 단순히 서류들을 작성하고 검토하는 것만으로는 부가 가치가 창출되지 않을 것입니다. 그럴 때일수록 기획력과 제안력이 매우 중요합니다.

어찌 보면 기획하고 제안하는 것 자체는 업무 내에서 제안할 수 있기 때문에 얼마든지 노력하면 가능한 일입니다. 기획하고 제안할 때의 요지는 다음과 같습니다. '자네가 책임지고 해주겠나?' 라는 말을 들을 때 '알았습니다. 제가 하겠습니다' 라고 답할 수 있도록 일의 내용을 파악해 두어야 합니다.

그런데 '이렇게 추진하면 어떨까요?', '새로운 아이템으로 마케팅 전략을 바꿔보면 어떨까요?', '이러이러한 협력 회사를 만들면 어떨까요?' 라고 말하기는 간단하지만, '그렇다면 착오 없이 제안한 일들을 추진해 나갈 수 있는가?' 라고 했을 때 그것을 실현시킬 수 있는지 여부가 중요합니다.

기획하고 제안하는 데는 책임이 따릅니다. '당신이 해 봐라' 고 했을 때 그것을 성공시킬 수 있는 구제적인 기획을 세워야만 능력 있는 직원으로 남을 것입니다.

진정한 수요를 이끌어 내는 질문력

일반적으로 영업력 강화를 위해 가능한 모든 방법을 강구하는 것이 필요합니다. '다른 업계에서 하지 않는 차별화된 서비스를 한다'는 것이며 '고객의 진정한 수요를 이끌어 내는' 일입니다.

따라서 중요한 것은 '질문하는 힘'이라는 의미의 질문력(質問力)입니다. 그냥 수동적으로 고객의 의견을 듣는 것이 아니라 영업을 할 때 상대의 의도를 파악하는 질문을 펼쳐 나가는 것입니다.

예를 들어 옷을 판매한다면 '이 옷은 어때요? 잘 어울릴 것 같습니다'라고 권했을 때, 고객이 '이건 좀 유행이 지났고 색도 마음에 안 들어'라고 거절해서 물러난다면 그만입니다.

그러나 '색이 마음에 안 들어'라는 말을 듣고 '어떤 색을 좋아하십니까?', '어떤 옷을 찾으세요?'라고 질문을 해보면 좋습니다. 친절하게 고객의 기분을 한껏 살려 주면서 대화를 이끌어 가는 것이 중요합니다. 고객의 답을 듣고 요구는 어떤 것인가를 간파해야 합니다. 따라서 질문력은 중요합니다.

이것은 종교로 말하자면 전도의 힘과 같습니다. 전도를 할 때 상대방이 거부하거나 무시하는 경우도 많이 있을 것입니다. 이 경우에도 영업을 할 때와 같은 철칙으로 대화를 이끌어가는 것이 중요합니다.

예를 들어 '무슨 일로 종교를 싫어하세요?', '전도하면 안 된다고 하셨는데 무슨 이유라도 있으신지요?', '어째서 종교 책을 권해드리면 안 되나요?', '이 책은 나쁘다고 말씀하셨는데 이유를 가르쳐 주시겠어요?', '행복의 과학은 싫다고 말씀하셨는데, 진심으로 우리도 참고하고 싶으니 행복의 과학의 어떤 부분이 싫은지 가르쳐 주시겠습니까?' 라고 친절하게 질문하는 것입니다.

그러면 상대도 뭔가를 설명해 줄 것입니다. '종교이기 때문에 안 된다' 라고 상대방이 말했다면 '그렇지만 모든 종교 전부를 부정할 수는 없을 것입니다. 종교는 여러 가지 있습니다. 불교도 있고 기독교도 있습니다. 그 종교들도 모두 부정하시는지요?', '종교이기 때문에 안 된다는 것은 억지가 좀 있으시군요' 라고 부드럽게 대화를 주고받으면 되겠지요.

가끔은 '신흥 종교이기 때문에 안 된다' 라고 하면 '왜 새로운 종교는 안 되나요? 신흥 종교에도 여러 가지가 있지만, 어떤 신흥 종교를 싫어합니까?' 라고 질문해 가는 것입니다.

'S회가 싫다'고 하면 '우리는 S회와는 다른데 차이점은 이렇습니다. 이러이러한 부분이 전혀 다릅니다'는 것을 이해시켜 나가면 '아, 그렇습니까?'라고 대화가 계속됩니다.

'옴진리교가 싫다'고 하면 '우리 행복의 과학은 옴진리교와 싸운 종교입니다. 우리 총재님이 옴진리교의 잘못된 점을 계속 꼬집어서 목숨까지 크게 위험했었죠'라고 설명해 드리면 됩니다.

'쿠니마츠(國松) 경찰청장관(경찰청장)에게 위험하다고 경고한 것도 우리 총재님인데, 경찰청장관이 귀를 기울이지 않았기 때문에 저격된 것입니다. 행복의 과학은 이런 종교입니다'라고 진심으로 설명해 나가면 됩니다.

경고를 무시한 경찰청장관

경찰청장관이 옴진리교에 저격당한 것은 1995년 3월 30일이었습니다. 저격되기 이틀 전에 경찰청장관에게 '표적이 되고 있으니 조심하는 것이 좋습니다'라고 경고했었습니다.

그런데 당시 경찰청장관은 위험함을 전해 주었는데도 주의를 기울이지 않았습니다.

걱정스러워진 나는 '옴진리교의 성격으로 보아 경찰의 수뇌를 노리는 것은 당연합니다. 청장을 노리는 것이 효과가 크고 효율적이기 때문에 반드시 청장을 노릴 것입니다'라고 전했습니다.

행복의 과학 신자였던 의원(議員)인 고(故) 미츠즈카 히로시(三塚博) 씨를 통해 경찰청장 쪽에 연락을 해서 '옴진리교의 움직임이 위험하니 그들의 교단 시설이 있는 야마나시 현(山梨縣)에서 캠페인을 벌여서 도울까요?'라고 제의도 했습니다만 '치안에 대해서는 어쨌든 간에 조용히 진행하는 것이 중요하기 때문에 아무것도 하지 않는 것이 가장 좋다'라고 답신을 보내왔습니다.

답신을 들으면서 '장관은 안 되겠구나. 당하겠구나'라고 판단했는데 아니나 다를까, 일이 벌어지고 말았습니다.

적이 생각하는 바에 생각이 미치지 못하고, 자택에서 무방비로 태평스럽게 걸어 나오다가 저격당했던 것입니다.

그는 '관할은 경시청이니까 표적이 된다면 경시총감 쪽일 것이다'라고 생각했을 것입니다. 관료 조직에서 보자면, 도쿄에서 현장 경찰을 움직이는 수뇌는 경시총감이며, 경찰청 쪽은 전국의 경찰 조직을 포괄하는 사무직 쪽이니 경찰청장관을 노릴

리가 없다' 고 나름대로 생각하고 있었던 모양입니다.

실제로 현장의 경찰을 움직이고 있는 경시총감 쪽은 관저를 엄중하게 경비하고 있었지만 경찰청장관 쪽은 경비는커녕 자택에서 걸어 나와 차를 타기 때문에 '여기를 노릴 것이다' 라고 직감하고 경고했지만 듣지 않았던 것입니다.

이처럼 위에 있는 사람이 들어야 할 보고를 들어주지 않아 곤란할 때가 있습니다.

상사의 본심을 파악하면서 기획하고 제안하자

조금 다른 이야기였지만, 말하고자 하는 바는 '영업을 강화하기 위해서는 질문력을 높이는 것이 중요하다' 는 것입니다.

어쨌든 고객에게 질문해 가면서 영업을 강화해 나간다는 것은 생각처럼 쉽지는 않습니다.

회사 내부에서 기획하고 제안할 때도 질문력이 힘을 발휘합니다. 상사가 부하에게 업무 지시를 내릴 때에도 사실 '나라면 이렇게 한다' 는 생각을 굳히고 있는 경우가 많으므로, 상사에게 몇 가지 질문을 해 보면 의도를 읽을 수 있습니다.

공식자리이든 비공식 자리이든 틈만 나면 상사와 대화를 이끌어 내고 어떠한 진의를 품고 있는지 파악해서 그 방향으로 진행시켜 가면 좋겠지만, 그 진의를 찾아내는 것도 쉽지만은 않을 것입니다.

예를 들어 사장이 '이런 제품을 만들고 싶다' 는 이미지를 지니고 기획회의를 할 때가 있습니다. 하지만 실제로 제품을 설계하고 만드는 것은 공장의 책임일 수 있습니다. 회의를 할 때 사장에게 잘 질문하면 사장의 의도를 알 수 있는데 질문이 서투르기 때문에 결과적으로 기획력과 제안력이 약해지는 것입니다.

대부분 기획한 프로젝트가 거부되는 것이 두려워 기획을 망설이다가 시간만 흘러 보내게 되는 경우가 많을 것입니다. 그러나 이를 극복하기 위해서는 여러 방면으로 질문하는 습관을 들이면 효과적일 수 있습니다.

기획이나 제안이 채택되지 않을 것이라고 미리 겁을 먹어서는 안 됩니다. 기획이란 '100개 기획하여 제안했다면 그 중에서 3개 채택되면 좋다' 고 생각해야 합니다. 기획한 것이 전부 채택된다는 생각은 너무 안일합니다. 열심히 기획하고 제안해서 그 중에 몇 가지만 채택돼도 성공인 것입니다.

기획과 제안을 올렸지만 거부당한 상처 때문에 기획하기가 망설여진다는 것은 아직도 프로의 영역에 도달하지 못한 것입니다. 아이디어가 떠오르면 메모하고 분석해 가면서 기획하고 제안하는 것이 중요합니다.

이럴 때, 앞에서 말한 것처럼 '그럼 당신이 해 봐라' 라는 말을 듣고 바로 받아들이고 실행할 만큼의 각오를 가지고 기획과 제안을 해야 합니다. 그것은 뛰어난 능력이 될 것입니다.

그러나 단순히 지시를 기다리는 사람들은 앞으로 부딪칠 난기류 시대를 살아남을 수 없을 것입니다. 그런 직원은 '지시를 내리는 사람은 정확한 정보가 있어야만 지시를 내릴 수 있다'는 것을 모르는 것입니다. 정확한 정보를 파악한다면 '이렇게 해야 되겠다' 고 판단하고 지시를 내릴 수 있지만, 원활하게 정보가 입수되지 않으면 정확한 지시를 내릴 수 없는 것입니다. 그런 것을 모르고 있는 것입니다.

정확한 보고도 올리지 않고 위에서 지시가 내려오기를 기다리는 것은 시간을 때우기에 가장 좋은 패턴입니다. 이는 회사가 어려워지는 상황이 아니라면 그래도 괜찮겠지만 회사의 경기가 흔들리는 위험한 상황이 되면 앉아 있는 위치가 아주 불리해집니다.

맡긴 일은 책임감 있게 보고해야 한다

중요 안건이 아니더라도 보고를 자주하는 직원은 믿음이 갑니다. 어쨌든 상부에 보고를 철저히 해야 합니다.

만약 상사가 '자네 전부 알아서 처리하라'고 해도 맡은 일의 결과가 어떻게 되었는지 보고할 의무가 있습니다. 만약 결과가 나올 때까지 시간이 걸린다면 수시로 진행 사항을 보고할 필요가 있습니다. 그러면 상사는 '아, 여기까지 진행되고 있구나'라는 것을 알 수 있습니다.

당신에게 일을 맡긴 상사는 그것을 잊어버린 것이 아닙니다. 맡겨둔 일의 진행을 주시하고 있는데 '부하가 결과 보고를 하지 않는다'면 일의 상태가 어찌되는지 답답할 뿐 아니라 부하 쪽은 가장 신용을 실추하는 스타일이 됩니다.

비유하자면, 산에서 '야호!'라고 소리쳤는데 메아리가 돌아오지 않는 것입니다. '야호! 야호!'라고 계속 혼자 소리치고 있을 뿐, 메아리가 돌아오지 않는 것은 대단히 허무한 일입니다.

부하에게 일을 맡긴 경우, 상사는 반드시 결과 보고가 올라올 것을 기대하고 있습니다. 그렇다고 해서 완벽한 보고를 하려고 시간을 길게 미뤄서는 안 됩니다. 연구개발이 아니기에 결론이 나오기까지 너무 많은 시간을 쓸 수 없으며 상사는 그렇게 기다려 주지 않습니다.

만약 결론이 나올 때까지 시간이 걸릴 경우라면 도중 경과를 적시에 보고할 필요가 있습니다. 이렇게 보고를 하지 못하는 사람은 역시 출세할 자격이 없다고 말할 수밖에 없습니다. '맡은 일이기 때문에, 이 일은 내 마음대로' 라고 생각한다면 잘못입니다. '맡긴다' 는 것은 '내가 해야 하는 일이지만, 여러 가지 일이 많아서 이 부분을 당신이 처리해 주시오' 라는 것입니다. 그래서 맡은 부하 쪽은 일이 '어떻게 진행되어가고 있는가?' 를 보고해야 하는 것입니다.

예를 들어 은행이나 증권 회사에 자산 운용을 맡긴 경우, 정기적으로 보고해 올 것입니다. 이와 마찬가지로 일을 맡았으면 진행 상황을 제대로 보고해서 '최종적으로 어떻게 되었는가?' 까지 마무리 지어줘야 합니다. 그렇지 않으면 상사는 '자신이 지시한 것을 부하가 제대로 진행하고 있는가, 아니면 제쳐두고 있는가?' 에 대해 궁금할 것입니다.

혼란한 경제 시대에 살아남으려면 이와 같은 판단을 할 수 있는가에 달려 있다고 말할 수 있습니다.

제안을 포함한 보고가 가능한 사원은 살아남게 된다

단순히 '지시를 기다리는 사람' 은 위치가 불안합니다. 특별하지 않아도 회사에 다니는 것만으로 출세할 수 있다는 것은 일본의 예전 사고였지만, 이제는 그것이 통용되는 시대가 지났습니다. '위에 올라타서 아래를 억압하고 있다' 라는 느낌의 지도자는 불행히도 자리를 지킬 수 없는 시대가 된 것입니다.

게다가 상사가 바쁜 경우에는 단순히 보고하는 것만으로는 안 됩니다. 보고를 할 때 '지금 이런 상황으로 진행되고 있습니다만, 이렇게 하는 것이 좋지 않을까요?' 라고 제안까지 넣어서 보고해야 할 것입니다. 그것이 상사의 시간을 아껴줍니다.

'대책으로는 이러이러한 방법이 있는데 저는 이 방법이 옳다고 생각합니다' 라고 의견까지 보태서 보고하면 시간이 절약될 수 있는 것입니다. 상사도 문제점만을 그대로 보고받으면 힘이 들 터이므로 의견까지 함께 보고하면 좋겠지요.

이와 같이 창의적인 사원이 해고되는 일은 거의 없습니다. 앞으로는 업무 실수가 잦은 사원은 물론, 무능한 사원, 지시를 기다리는 사원이 살아남을 수 없는 시대가 될 것이므로, 어떻게든 정신 차리고 새로운 시대에 맞서야 할 것입니다.

제2장

불황을
이기는
사원학 입문

불황을 이기는 사원학 입문

자기 자신에게
물어야 할 것

　현재 전 세계적으로 불황기이기 때문에 나는 경영론에 대해서도 여러 가지 방법을 말씀드리지 않을 수 없습니다. 지금까지는 사장을 위한 경영론과 여성 경영자를 위한 경영론도 설했지만 불황으로 곤란에 빠지는 것은 경영자뿐만이 아닙니다. 일반 사원 역시 살아가는 길을 찾는다는 의미에서 다양하게 생각하고 있어야 하는 시기입니다.

　따라서 이 장에서는 직책에 관계없이 '사원'의 입장에서 유념해야 할 점에 대해 나름대로 정리한 것을 말씀드리고 싶습니다. 이것은 어떤 의미에서는 '불황기에 정리해고 당하지 않는 방법'일지도 모르고 '불황에도 불구하고 출세하는 방법'이기도 합니다.

물론 일반 사원의 신분으로 회사의 도산을 막기는 어려운 일입니다. 그 책임 역시 경영진에게 있기 때문에 자신이 경영 책임자가 아닌 한, 거기까지는 영향력이 미치지 못할 것입니다. 사원들이 아무리 열심히 일해도 회사가 망할 수 있습니다.

그럼에도 불구하고 '회사의 일익을 담당한다' 즉 '주어진 위치에서 반짝거리며 빛나는 일을 하며 기여를 한다. 동료들에게 용기의 근원이 된다' 는 것은 가능한 일입니다.

'최고위층의 능력치가 낮으면 불황을 극복할 수 없다' 는 것을 생각하면, 도산의 원인은 대부분의 경우 경영진에 있다고 할 수 있습니다. '생선은 머리부터 썩는다' 는 말처럼 회사도 위에서부터 썩는 것입니다.

즉 회사가 망하려고 할 때는 물고기가 부패하는 것과 비슷하게 머리뿐만이 아니라 몸통이나 꼬리 쪽도 차례로 썩어갈 것입니다.

어쩔 수 없이 불황기에는 도산하는 회사가 수없이 생깁니다. 그 책임은 경영진에게 있지만 사원들도 '작은 도움이라도 되는 일을 할 수 있지 않았을까?' 라고 때늦은 후회도 남을 것이고, 비록 자신의 회사에 수십 명 또는 수백 명 혹은 수천 또는 수만 명의 사원이 있고, 자신의 책임이 수백분의 일, 수천분의 일이었다 하더라도 그런 후회는 있을 것입니다.

따라서 회사가 망하기 전에 할 일은 해야만 합니다.

또한 불황기에도 탄탄하게 뻗어 나가는 회사도 있습니다. 역시 이런 시기에는 '자신이 할 수 있는 일은 무엇인가?'를 찾아 보는 것이 중요합니다.

근면함이
길을 열어준다

정리 해고당하지 않기 위한 최소한의 조건이란

전반적으로 업종을 불문하고, 직함이나 입장을 떠나서 일반적으로 '불황을 극복하는 사원학' 이라는 주제로 가장 단순하게 설명하자면 '근면하라' 는 것입니다.

'나는 근면한가?' 를 자문해 보십시오.

사원 전체가 근면한 회사는 불황기에도 열기와 정열이 넘치는 경우가 많습니다. 회사가 기울어질 때에는 대부분의 경우 게으르고 나태해진 사원들이 많아집니다. '대충 일을 적당히 하고 다른 일을 하기 시작한다', '관심이 회사 밖에 있고 머릿속은 다른 생각으로 가득 차 있다'는 사람이 많아서 회사의 위기를 깨닫지 못할 것입니다.

따라서 지금 자신의 위치가 그렇게 높은 자리가 아니더라도 항상 회사 전체의 문제나 경영 문제에 관심을 가지고 여러 가지 일들을 재빨리 감지하려고 노력하는 동시에 자신에게 주어진 담당 구역 안에서 근면하게 노력을 쌓아가는 것이 중요합니다.

그 근면함 중에는 업무에 대한 근면뿐만이 아니라 오프 비즈니스(일에서 벗어난 사생활)에 대한 자기 형성이라는 의미에서의 근면도 포함되어 있습니다.

이것이 불황기에 구조 조정되지 않고, 때에 따라서는 불황에 관계없이 승진하기 위한 최소 조건입니다.

세상을 조금이라도 좋아지게 하고 싶다

근면함에도 열의와 열정이 함께 하는 것이 바람직합니다. 그러한 열정을 수반한 근면이 있다면 어떻게든 헤쳐 나갈 것입니다.

앞으로도 많은 회사들이 무너질 것이라 생각합니다만, 만일 자신이 근무하던 회사가 무너져도 곧 어딘가로 전직하지 않으면 안 되고, 스스로 회사를 설립하지 않으면 안 될지도 모릅니다. 그러나 '근면하다' 는 것과 일에 자신감은 어느 자리에 있어도 같을 것입니다. 그러므로 열정을 수반한 근면함을 중요하게 여겨 주셨으면 합니다.

그렇다면 근면의 근본은 대체 무엇일까요? 그것을 생각하면, 나는 역시 '뜻(하고자 하는 의지)' 이라는 단어가 떠오릅니다.

그것은 사회에 미력한 힘이나마, 무언가 사랑을 조금이라도 추가하고 싶다는 마음가짐이며, 크게 보면 인류의 발전에 조금이나마 기여하고 싶다는 작은 소망입니다. 사회에 바람직하게 보탬이 되었으면 좋겠다는 생각입니다. 그런 소망이 근면의 바탕에 내재되어 있는 것입니다.

자신의 활동 영역은 비록 작더라도 의지가 있는가, 없는가? 에 따라 그 사람의 미래는 크게 변해갈 것입니다.

물론 뜻을 세운다고 저절로 용기가 솟아나지는 않을 것입니다. 뜻이란 일을 하는 동안에 점점 표출되는 것입니다.

처음에는 작은 뜻이었지만 일을 하는 동안에 점점 깨우치게 되는 경우가 많습니다. 어느 날 갑자기 생기는 일도 있지만, 일을 진행하는 동안에 점점 진지해지고 열정을 가지게 됩니다. 반드시 그렇게 됩니다.

소신을 관철한 이치로와 오 사다하루

세상에 새로운 것을 만들어 내기 위해서는 무엇이 필요할까요? 일반적으로 '천재적인 재능을 타고났다', '예지가 번뜩이는 재능이 있다'는 것을 꼽을 수 있으며, 실제로 뛰어난 사람은 그런 재능이 있는 것 같습니다.

물론 객관적으로 보아 재능과 영감이란 것이 있는지는 모르지만, 당사자는 그런 쪽을 전혀 생각하지 않을 것입니다.

알기 쉬운 예를 들자면, 일본의 프로 야구에 이치로와 마츠이 히데키 선수가 그렇습니다. 이치로에게 '당신은 천재군요'라고 말해도 아마 솔직하게 '예, 고맙습니다'라고 말하지 않을 것입니다. 오히려 '남들보다 피나는 노력으로 이룬 것을 충분히 이해하고 있는 걸까?'라고 느끼는 쪽이 더 클 것입니다. 결과만으로 평가하는 것은 간단하지만 천재나 재능과 같은 단어로 치부해 버린다는 것은 다시 한번 생각해 볼 문제입니다.

일본인이 메이저리그에 가서 불멸의 기록을 만든다는 것은 일반적으로 있을 수 없는 일입니다. 결과만을 보면 이치로는 천재적인 사람이라고 생각되지만 그 뒤에 피나는 노력이 있었습니다.

무명이었던 소년 시절, 아버지 손에 이끌려 매일 야구 연습장에 다니던 무렵부터 시작되었습니다. 유명한 선수 이전에 소년 야구 시절부터 매일매일 피나는 노력으로 연습한 결과가 나타난 것이었습니다.

또한 이치로는 시계추 타법이라는 독특한 타격을 하고 있었습니다. 그래서 그렇게 하기 위해 일본 구단에 있을 때, 타격 코치한테 자세를 고치라는 말을 들었지만 그것을 거부하고 2군에 내려오는 일도 있었습니다. 코치의 생각으로는 2군으로 내려보내면 바꿀 것이라고 생각했을지도 모르지만 이치로는 뜻을 굽히지 않았습니다. 나름대로 노력을 하여 '이거다' 라는 자신감을 가지고 있었기 때문입니다.

즉 '공식대로 하면 된다' 는 것이 아니었습니다. 사람은 각자 자신이 잘하는 것이 있습니다. 이치로는 그것을 알고 있었기 때문에 자신의 자세를 바꾸지 않았던 것입니다.

오래된 이야기로 이전 자이언츠의 4번 타자였고 이후에 감독이 된 '오 사다하루(왕정치)' 에게도 같은 이야기가 있습니다. 오 사다하루가 현역 시절 플라밍고 타법이라는 외다리 타법을 시작했을 때 다른 사람들은 악평을 퍼부었습니다. '그렇게 하면 균형이 무너져서 아무래도 템포가 늦을 수밖에 없다. 그런 타법으로는 칠 수가 없다'며 스포츠 신문들은 그만두라고 입을 모아 비난하였습니다.

그때 아라카와 코치가 오 사다하루를 지도하고 있었는데, 그는 천장에 매단 종이를 일본도를 휘둘러 자르는 연습 등, 심상치 않은 특별 훈련을 시켰습니다. 외다리 타법은 타이밍을 맞추기가 어렵기 때문에 그런 특별 훈련을 했던 것 같습니다만, 다른 선수가 흉내를 내려 해도 좀처럼 따라할 수 있는 방법이 아닐 것입니다. 그것은 일종의 야구에서의 깨달음이라고 생각됩니다.

이와 같이 천재란 나중에 보면 확실히 '천재'입니다만, 그동안 나름대로의 노력과 정진을 상당히 하고 있는 것입니다.

'재능이 있다', '천재'라고 불리는 것은 대부분 자신의 틀을 고집스럽게 지키고 계속 노력한 결과입니다. 다른 사람의 흉내를 내지 않고 자기 나름대로 '이거다'라고 생각한 것을 추구해 온 사람은 비범함의 극한에 다다르는 경우가 많은 것입니다.

다른 사람과 방법이 다르면 주위에서 이해는커녕 인정하지 않거나 비난을 합니다. 하지만 실적이 나오고, 많은 사람들이 따라 하게 되면, 이번에는 나만의 것이라고 생각했던 것이 흔하고 평범한 일이 되어 갑니다. 그러므로 비난받는다고 해도 나만의 자신감이 중요합니다.

예를 들어 이치로는 자신을 다룬 신문 기사와 뉴스를 전혀 보지 않기로 마음먹고 있었습니다. 대중적인 기사를 읽으면 상처도 받고 영향을 받으면 흔들리기 때문입니다.

그는 '귀를 막아도 내 귀에 들어오고, 다음 경기에 영향을 주기 때문에 자신을 다룬 신문이나 뉴스 등은 보지 않는다. 애초에 자신에 대한 언론 기사는 관심이 없다'고 말합니다만 대부분 정신적인 이유입니다. 집중력을 유지하기 위해 '기업적인 노력'을 하고 있는 것입니다.

일반적으로는 그를 칭찬하는 기사가 많겠지만 역시 슬럼프가 왔을 때는 비판적인 기사도 쓰여집니다. 그것을 읽고 침울해지거나 우울해져 버릴 수도 있습니다. 당연히 영향을 받게 되겠지요.

결국 사람은 각자가 '자신에게 맞는 방법'을 만들어가야 합니다. 그 방식은 사람마다 다릅니다. 하지만 출중함이 극한에 이른 사람을 보면 그 이면에는 반드시 '정진', '근면'이 있습니다. 또한 '다른 사람의 의견을 존중하는' 경우도 있지만, '다른 의견은 듣지 않고 밀어붙이는 신념을 가지고 있다'는 경우도 있습니다.

거듭 노력하는 가운데 하늘의 도움이 따른다

사람들은 결과를 가지고 '그 사람은 재능이 있다', '천재' 라고 칭합니다. 열심히 아이디어를 짜낸 경우에도 '영감' 이 뛰어나다고 치부해 버리기도 합니다. 하지만 기본적으로 꾸준히 노력하면 능력이 향상된다고 봅니다.

나는 영적인 능력을 가지고 있기 때문에 어떤 의미에서는 영감 덩어리입니다. 아마 나만큼 영감으로 가득 찬 사람은 없을 것입니다. 하지만 나만큼 영감에 의존하지 않는 사람도 드물 것입니다. 실제로 나는 영감을 받는 일이 상당히 많지만 그것에 의존하고 있지 않습니다.

세상의 종교 지도자 가운데는 초능력자도 많이 있습니다. 그들은 신이라고 자칭하는 존재로부터 영감을 받아 그들 나름의 가르침을 설파하기도 합니다.

다만 끝없이 새로운 경지를 개척하고 새로운 길을 닦고, 새로운 영역에 발을 디디기 위해서는, 이상적인 노력과 연구, 정진이 필요합니다. 연구하지 않는 자는 똑같은 이론만 주장합니다. 이것은 어느 종교 지도자에게나 적용되는 일이기도 합니다.

만약 건강이 허락된다면, 내가 예순이 되어도 일흔이 되어도 여든이 되어도 새로운 책을 계속 쓸 자신이 있습니다. 그 자신감의 근거는 그저 '영감으로 뛰어나니까' 라는 것만은 아닙니다. 항상 공부해야 합니다. 항상 새로운 정보에 안테나를 세우고 이해하고 분석해서 흡수하려고 노력합니다.

즉 영감을 받고 있지만 영감에만 의존하지는 않습니다. 사실 영감이 있든 없든 간에 글을 쓰고 또 연구하고 노력하므로써 영감도 떠오르는 것입니다.

'하늘은 스스로 돕는 자를 도와 줍니다. 노력을 거듭해 영감이 없어도 가능한 상태가 되면 신기하게도 영감이 떠오릅니다. 힘들 때 소원을 빌며 '어떻게든 뭔가 가르쳐 주세요' 라는 상태에서는 신도 도와 주지 않습니다.

따라서 '이 세상에서 해야 할 일을 근면 성실하게 이뤄간다' 라는 정신 집중을 계속하는 것이 중요합니다.

비판을 많이 들었던 신입사원 시절

지금 이 순간에도 인간관계로 고민하는 사람이 많을 것입니다.

특히 이치로처럼 뛰어난 실적을 남기는 사람은 개성이 강하고 특이한 사람이 많습니다. 아마 그 실적이 사람들에게 인정받게 되면 존중을 받겠지만, 그 전까지는 욕설이나 비방을 받으면 좌절하기도 했을 것입니다. '실력을 인정받을 때까지의 인내심이 있는가?', '자신감이 있는가?' 라는 것이 꽤 어려운 일입니다.

아마 주위 사람들이 오해하는 경우도 많을 것입니다.

나도 회사에 입사해서 얼마 되지 않았을 때 오해를 받아 비판과 욕설, 위협도 꽤 받았었습니다. 그러한 부분에 별로 신경 쓰지 않으려고 노력하고 있었지만 생각지도 못한 일로 심한 비난을 받았었습니다.

예를 들면 '요란스럽게 회사에 들어왔으면서……' 라는 말을 들은 적도 있습니다. 그때 요란스럽게 회사에 입사하지도 않았고 어쩌다 보니 그 회사에 들어갔는 데 튀거나 별로 으스댄 적이 없었는데 '대단한 백이 있어서 들어온 것 같다' 는 엉뚱한 소문을 들은 적도 있습니다.

도쿄대학 출신들은 많습니다만 도쿄대학을 나왔다고 해서 '실수가 없으리란 법은 없고, 같은 실수는 하지 않는다' 는 일도 없습니다. 어느 날 화장실에 다녀오는데 선배들이 '도쿄대학을 나온 사람이 뭐 그래, 두 번이나 실수하고 그런 머리로 도쿄대학 나왔어?' 라고 비아냥거렸습니다.

일류 대학 출신 뿐만 아니라 보통 사람들도 일을 하다 보면 틀리기도 합니다.

즉 주위 사람들이 '완벽할 것이다'라고 여겼는데 가끔 실수를 해대니 신이 나서 쑥덕거렸던 것입니다.

게다가 '일류 대학까지 나온 수재가 우리 회사와 같은 곳에 들어왔다는 것은 뭔가 말 못할 사정이 있을 것이다'라고 의심의 눈초리를 보내기도 했습니다. 그러나 사실 나의 경우 완벽한 두뇌의 소유자가 아니었습니다. '사무적인 일을 완벽하게 처리한다'는 것은 오히려 상업학교를 나온 사람이 더 완벽하게 작업할 수 있습니다.

나는 포괄적인 눈으로 여러 가지를 보고 생각하는 능력이 뛰어났기 때문에 세세한 사무적인 일은 그다지 뛰어나지 않았습니다.

더 구체적으로 설명하자면, '입사하자마자 주판을 튕기며 계산할 수가 없다'는 것입니다.

초등학교 때 잠깐 주판을 배웠던 기억이 있습니다만, 당시 회사 사람들은 '도쿄대학을 나왔으면 주판 정도는 잘 사용할 수 있을 것'이라고 생각했던 것 같습니다.

지금은 골동품이 되어 있는 주판이 내가 회사에 들어갔을 때는 그것으로 업무를 처리해야 했습니다. 종합상사였기 때문에 주판은 당연히 사용할 수 있어야 했던 것입니다. 무척 당황스런 일이었습니다. 제대로 배운 적이 없기 때문에 제대로 할 리도 없고, 연습을 한다고 하더라도 금방 되는 일이 아니었습니다.

'계산기는 어때?' 라는 말도 들었지만 당시 계산기도 두드려 본 적이 없었습니다. 암산도 빨리 되지 않았습니다. '대체 할 수 있는 게 뭐냐?' 라는 말을 듣고서 '적어가면서 계산을 할 수 는 있습니다' 라고 대답은 했지만 적어가며 계산을 해도 가끔 뺄셈을 잘못해서 혼이 나기도 했던 옛 기억이 납니다.

학창 시절에는 그리 큰 숫자는 취급하지 않습니다. 학생이라 면 자신의 용돈 정도의 단위까지일 겁니다. 쓸 수 있는 작은 돈 정도였고, 백만이란 금액은 만져볼 기회도 없었습니다. 그러나 회사에 들어가면서부터는 '천만', '억', '10억' 등등 어마어마한 숫자를 만나게 된 것입니다. 그러니 가끔 실수를 하곤 했습니다.

자릿수가 너무 커서 혼란하여 '틀려도 오차 범위 내에 있다' 라고 생각했더니 상사에게 '10억 엔이 오차 범위 내인가!' 라고 야단을 맞았습니다.

사실 그렇지요. 정말 살짝 틀린 것뿐이지만 그걸로 실제로 돈이 움직이기 때문에 큰 실수였던 것입니다.

이렇듯 입사 첫해에는 '왜 그렇게 일을 못 해? 생각 외로 바보가 아냐?' 라는 비난을 꽤 받았습니다. 부하 직원들로부터 공격도 꽤 받았었습니다.

나를 아는 사람은 '판단하는 업무였다면 일을 끝내 주게 할 텐데' 라고 호의적인 찬사도 보내 주었지만 대부분의 경우 '도쿄대학 법학부를 나와서 왜 덧셈, 뺄셈도 못 하는 거지?' 라고 바보취급을 했었습니다.

게다가 입사 당시 영어도 못했습니다. 물론 교양학부에서 조금 공부했지만, 전공 공부를 시작하고 나서는 거의 공부하지 않아서 완전히 잊어 버렸습니다.

다른 사람들은 종합상사라고 당연히 영어공부를 하고 있었습니다. 외국 주재원 자녀인 사람도 있었고, 혹은 여행이나 어학연수로 해외유학 경험이 있거나 어학원에 다니며 모두 열성적으로 영어 공부를 하는데, 나는 '영어회화는 처음부터 배워야' 하는 상태였습니다.

'당신은 계산도 못 하고, 영어도 못 하는데 어떻게 종합상사에 들어왔나? 인사부가 착각해서 채용한 것 같다' 는 식의 심한 악평도 받았습니다.

다만 내 직무상의 실수를 직접 보지 않은 훨씬 윗선의 상사는 나에 대해 기대를 하고 있었습니다. 손으로 내가 계산해 가면서 진행한 일을 보지 않은 사람은 '꽤 스케일이 큰 것 같다', '활기가 있어 보인다' 는 칭찬도 들었었습니다.

그러나 많은 실수 때문에 직접 피해를 받은 사람들은 엄청나게 불평불만을 쏟아냈습니다. '당신이 한 일을 두 번 확인하지 않으면 안 된다. 불필요한 업무가 증가하기 때문에 당신이 없는 편이 빠르다' 라고 해서 울고 싶을 때가 많았었습니다.

이렇듯 신입사원 시절에는 나도 상당한 비난과 뒷소리를 들으며 비참한 기분을 맛보며 지냈었습니다.

선배가 일을 가르쳐 주지 않았던 이유

신입사원 시절에 나의 태도는 건방져 보였던 것 같습니다. 더 정확히 말하자면 나에게 그럴 생각은 없었지만 사람들이 보기에는 건방져 보인다는 것입니다. 따라서 1, 2년 위의 선배가 일하는 방식을 일부러 가르쳐 주지 않았습니다.

말하자면 나의 묻는 방법이 나빴던 것입니다. 정중하게 예의 바르게 '가르쳐 주십시오' 라고 부탁했다면 제대로 가르쳐 주었겠지만 나의 태도가 건방졌기 때문에 물어 보더라도 '그 정도는 알아서 해라. 대학에서 배웠을 것 아니냐'며 알던 모르던 가르쳐 주지 않았던 것입니다.

아부하며 부탁해야 했는데 머리를 조아리지도 않았기 때문에 '그 녀석은 내버려 둬라' 라고 선배들끼리 단합이 되었던 것 같습니다. '내버려 두면 더 힘들어 날뛰겠지' 라고 주위 사람들은 나를 놀리기 위해 모른 척하고 있었습니다.

대학에서 배운 것은 법률과 정치가 중점적이었고 경제도 어느 정도 공부했지만 무역 및 외환은 구조도, 용어도 몰랐기 때문에 모르는 말이 많아 정말 고생했습니다.

'일이 바빠서' 가르쳐 줄 시간이 없다면 그뿐입니다. 아무도 가르쳐 주지 않으면서 '일을 하라' 라고 하는 것은 당시에는 지나치다고 생각했었습니다.

처음에 나는 수출외환과에 배속되었는데 외환에 대해 공부한 적이 없어서 아무것도 몰랐습니다. 갑자기 '전화를 받고 일을 해라'고 했지만 일을 할 수가 없었습니다.

어쩔 수 없이 다른 사람이 일하는 것을 보고 책을 뒤져가며 공부해서 일을 배울 수밖에 없었습니다.

참고로 말하면 재무제표론과 외환이론 등을 가르치는 대학도 있습니다. 예를 들자면 히토츠바시(一橋)대학과 와세다(早稻

田)대학, 케이오(慶應)대학 등이 그렇습니다. 사내에는 그런 대학에서 전문적으로 공부하고 지식을 가지고 있는 사람도 더러 있었습니다.

대학에서 관련 공부를 했는데도 재무 부문에 소속되지 못한 사람들이 더욱 불만이 많았습니다. '아무것도 모르는 놈을 왜 재무에 넣은 거지?' 라고 하는 말을 종종 들은 기억이 있습니다.

그런저런 이유로 결국 나는 선배들로부터 중요한 일을 배울 수 없었습니다.

입사 2년 차에 외환 교과서를 써서 재평가를 받았다

입사 첫해부터 비난과 질타를 받았지만 2년 차가 되면서 갑자기 분위기가 싹 바뀌었습니다. 푹 꺼진 상태에서 불쑥 솟아올라와 그 이후로는 가속도가 붙어 위로 떠오른 태양과 같은 느낌이었습니다.

무엇이 달라졌을까요?

입사 2년 차에 신입사원이 아래에 들어오면서 그 신입사원을 위한 '외환실무입문' 이라는 책을 썼던 것입니다. 지난 한 해 동안 내가 책을 읽고 공부한 내용과 실제 업무에서 실천해 온 것을 정리하여 일하는 방식을 체계화하여 1백 페이지 정도의 매뉴얼을 만든 것입니다.

그것을 복사하고 제본해서 신입사원들에게 '나는 고생했지만 너희는 고생시키고 싶지 않기 때문에, 한 해 동안 내가 고생해서 몸에 익힌 것을 체계화했다. 여기에 외환의 일반적인 사고 방식에 대한 개론과 용어에 대한 설명, 실무에 대한 방법이 모두 적혀 있으니 이것을 읽고 체크하면 일이 수월할 것이다' 라며 배포해 주었습니다. 상사에게도 드렸더니 놀라 기겁을 했습니다. '아무것도 가르쳐 주지 않았는데 어느새 이렇게?' 라는 느낌이었습니다.

나는 매뉴얼적인 외환 업무와 관련된 교과서를 쓴 것이었는데 이는 회사 창립 이래 처음 있는 일이었던 것 같습니다. 이를 계기로 '역시 뛰어난 놈' 이라고 느꼈는지 주위의 반응이 갑자기 바뀌었습니다.

일을 못 하는 것처럼 보여도 '실제로는 일을 잘 한다' 는 사람도 있습니다. 그런 사람의 경우는 실력이 드러나는 것은 시간 뿐입니다. 올림픽 경기에서 수영선수가 수영장에 뛰어들고 나서 수면으로 부상할 때까지 꽤 시간이 걸리는데 그것과 같습니다. 가라 앉아 있는 동안은 일을 못 하는 사람처럼 보여도 떠오르면 일 전체의 그림이 보이는 것입니다.

그렇게 외환 전반에 대한 교과서를 1년에 걸쳐 작성한 것으로 나에 대한 평가가 확 바뀌어갔습니다.

영어 역시 당시에는 당연히 잘 못했지만, 큰소리를 쳐놨기 때문에 공부를 하지 않으면 안 되었고, 실전에서 영어를 사용하는 사이에 어느새 잘 할 수 있게 되었습니다.

나도 종합상사에 다니던 시절에는 독자들이 생각하는 것처럼 쉽고 원활하게 일을 해냈던 것이 아니라 상당히 고생을 했었습니다.

공적인 목적을 가지고 있는가?

개인적으로 술을 마시는 것을 별로 좋아하지 않았고, 잡기에 능하지 않았기 때문에 '너무 개인주의적인 게 아니냐?' 라는 말을 많이 들었습니다. 나의 성향은 공부를 하거나 책을 읽는 것을 좋아했기 때문에 신변잡기를 피하면서 교제의 범위를 넓히지 않았습니다. 그때 공부했던 부분이 축적되어 지금의 종교 지도자로서의 활동에 두드러지게 나타나고 있는 것입니다.

물론 사람을 사귀지 않았던 것은 아니었지만 일부러 범위를 좁혀 '적어도 주말 중 하루는 무슨 일이 있어도 시간을 확보하자'고 원칙을 정했습니다. '사교적이지 못 하다'라는 말을 들어가면서 꾸준히 자기 발전을 위해 노력하고 있었습니다. 그런 노력은 어느 시점에 가면 열매를 맺습니다.

따라서 '사람들은 인정해 준다'라고 간단하게 생각할 문제가 아닙니다.

다만 자신이 생각하는 것이 이기적인 것이 아니라면 주위 사람도 언젠가는 그것을 알아줍니다. 주위 사람의 눈에 처음에는 자기중심적으로 행동하고 있는 것처럼 보일지도 모르지만, '이 사람은 진심으로 회사를 위해 일하고 있다. 결코 자신의 출세를 위해서만 일을 하고 있는 것은 아니다'는 것을 안다면 차츰 이해해 주게 되고 자신에 대한 평가나 태도가 달라질 것입니다. 그런 부분은 유념해 두는 편이 좋을 것입니다.

즉 자기가 공적인 것에 대해 무언가 생각하고 있는가, 또는 공공의 목적을 가지고 있는가?가 요구되는 것입니다.

공공의 목적이나 공익성 같은 것을 생각하면서 개인적으로 노력하는 사람에 대해서는 역시 나쁘게 말할 수 없습니다. 단순한 야심가라면 주위로부터 공격당하겠지만 그렇지 않다면 신용이 쌓이는 것입니다.

그러나 처음부터 '주위 사람에게 인정받고 싶다'고는 생각하지 않는 편이 좋습니다. '나의 태도는 아무래도 바꿀 수 없다'고 생각되면 자신의 태도를 지키면서 정진해 가는 편이 좋을 것입니다. 반드시 모두가 이렇게 행동하고 있기 때문에 나도 이렇게 하자라고 생각하고 주위에 영합할 필요는 없습니다. 자신에게 맞는 방법이 있으면 그것을 추진해 나가는 것이 좋습니다.

불황기에는 이런 근면성이 중요합니다. 경험을 예로 들어 근면함의 중요성에 대해 말해 보았습니다.

어학에
관심을 가진다

'불황을 이기는 사원학'에 대해 언급할 것은 '외국어의 필요성은 절대적이다'는 것입니다.

어느 기업에서건 외국어는 필수입니다. 앞으로는 세계화에 편승하지 않고는 회사를 성장시킬 수 없습니다. 제조업이든 아니든 국제적으로 깊이 관여하지 않고서는 회사가 버틸 수 없을 것입니다.

따라서 '어학에 대한 관심'을 가져야 합니다. 특히 불황기에는 어학을 무기로 사용할 가능성이 높습니다.

수많은 나라의 언어를 다 터득할 수 없으므로 남들이 공부하지 않는 나라의 어학을 잘 습득하여 전문 인력으로 진출할 수도 있을 것입니다.

그러나 주요 언어는 역시 영어입니다. 현재 국제적으로 통용되는 것은 영어밖에 없습니다. 여러 언어가 있지만, 영어는 국제적이므로 공부에 같은 시간을 투자한다면, 생산성이나 미래의 준비성에서도 영어가 가장 활용도가 높습니다. '공부의 성과가 나올 가능성 및 회사 등에 공헌할 수 있는 가능성'이라는 뜻으로 영어공부에 전념한다면 헛되이 쓴 시간이 아닐 것입니다.

다만 영어도 금방은 늘지 않기 때문에 역시 꾸준한 노력이 중요합니다. 조금만 공부하더라도 효과가 있겠지만 다른 사람보다 계속 노력하면 성과가 확실하게 나옵니다. 다른 사람과 같은 정도에서 멈추면 그 이상으로 늘 수는 없겠지만 다른 사람보다 오래 공부하면 성과는 완벽하게 나올 것입니다.

그런 의미에서 절대 자만하지 말고 평범하게 꾸준히 노력하는 것이 바람직할 것입니다.

가끔 '나는 영어 천재다', '어학의 천재다'라고 자랑하는 사람도 있지만 나는 별로 신뢰하지 않습니다.

예를 들어 슐리만(트로이 유적을 발견한 고고학자)은 몇 개 국어를 할 수 있었습니다. 유적을 발굴하기 위해 문헌을 읽지 않으면 안 되었기 때문에 그는 발굴에 대한 열정으로 어학을 공부했던 것입니다. 확실히 그런 사람처럼 다른 것은 모두 무시하고 어학만을 공부한다면 몇 개 국어도 할 수 있게 될지도 모릅니다. 하지만 현재는 다양한 일을 해야 하기 때문에 어학만 공부한다는 것은 그렇게 쉽지가 않습니다. 죽으나 사나 필수적으로 영어를 공부하는 것이 좋을 것입니다.

어학은 '꾸준한 것이 힘이다' 라고 말씀드리고 싶습니다.

잠자고 있는 힘을
끌어내기 위한 힌트

공정하게 판정해 주는 미국인

사람을 판단할 때는 의외로 일본인보다 외국인, 특히 영미(英美)쪽 사람이 공정합니다.

일본인의 경우, 몇 달 또는 몇 년을 알고 지내도 정확하게 판단하거나 평가해 주지 않는 일이 많지만 외국인의 경우 한 번 만났을 뿐인 사이이거나 5분 정도 이야기했을 뿐이더라도 상당히 공정하게 판단해 줍니다. 여기에 관해서는 내가 종합상사에 근무할 당시 미국에서 받은 인상이 아직도 생생히 남아 있습니다.

뉴욕에서 근무하던 시절 나는 영어를 그다지 잘 하는 편은 아니었지만, 미국인과 대화를 할 때, 때때로 상대방으로부터 '당신은 이런 사람이다' 라고 지적받는 경우가 있었고 그것이 정말 잘 맞아떨어졌습니다. 처음 보는 사이이고 서투른 영어로 말하고 있음에도 불구하고, 나의 재능과 능력, 성격, 인격적인 것을 종합하여 '이렇다' 라고 지적하는 데는 정말 놀랐습니다.

알고 지내는 일본인은 나에 대해 '계속 알고 지내도 전혀 속을 모르겠다' 고 했지만 영미쪽 사람은 금방 알아내는 것 같았습니다. 나는 아주 서투른 영어를 구사하고 있었는데 '당신은 꽤 인텔리한 사람으로 종교적인 면이 있는 것 같다' 고 말해 주어 놀랐습니다. 내가 서툰 영어로 이야기하고 있어도 그것을 느꼈던 것 같습니다. 게다가 솔직하게 말해 주기에 더 놀랐습니다.

'미국인은 만사를 공정하게 판단하는 사람들이구나' 라고 다른 시각으로 볼 수 있었습니다. 일본인의 경우 불행히도 편견이 많다고나 할까, 색안경을 끼고 사물을 보는 일이 있지만, 영미인의 경우 비교적 백지 상태에서 사람을 보고 '이런 사람이죠' 라고 다가오는 것입니다. 이것은 대단한 일이라고 생각합니다.

일본과 미국은 사람을 등용하는 방법이 전혀 다르다

지금 미국 대통령은 오바마입니다. 나는 '그의 정책과 사고 방식대로 가면 미국은 위험한 상태가 되고, 그것은 일본에 있어서도 좋은 일이 아니다'고 생각하고 비판하면서도 '미국이라는 나라는 대단하다'라고 아직도 생각하고 있습니다.

오바마의 어머니는 백인이지만 그의 아버지는 케냐에서 온 유학생이었습니다. 그리고 그는 하와이에서 태어난 후 부모님이 이혼하고, 어머니가 인도네시아인과 재혼했기 때문에 인도네시아에서 이슬람학교에 다녔습니다.

이런 경력을 가진 사람이 흑인 최초의 미국 대통령으로 선출되어 '이슬람과의 융화'를 호소하면서, 다른 한편으로는 아프가니스탄에 폭격을 반복하고 있는 것입니다(설법 당시).

역시 '미국은 대단한 나라다'라고 생각하게 됩니다. 일본인은 미국인처럼 사람의 능력을 보고 일을 하게 할 수 없을 것입니다. 그것은 유사한 상황을 상상해 보면 알 수 있을 것입니다.

예를 들어 '일본에 온 케냐 남성과 어딘가 남쪽 나라에 살고 있는 일본인 여성이 결혼해서, 아이는 한국에 있는 외국인 학교에 다니다가 일본 대학을 나온 후 나중에 일본 총리가 된다'라는 것을 상상해 보면 됩니다. 이는 일본인의 머리로는 상상할 수 없는 일입니다.

역시 미국인의 공정함은 대단하다고 생각합니다. '이 사람은 일을 잘 할 수 있다. 재능이 있다' 는 것에 대해서는 상당히 공정하게 평가해 주는, 그것이 미국의 힘입니다. '미국인은 인간의 평등과 자유성을 믿는다' 는 것은 정말입니다.

일본의 역대 총리대신을 보면 '가문이 어떠한가?', '몇 대째 계속되어온 정치가의 가계인가?' 라는 것이 아직도 횡행하고 있습니다. 이것은 '정치가를 선택할 때 혈통만을 보고 있고 개인적인 재능에 관해서는 거의 판단할 수 없다' 는 것을 의미합니다. 일본인은 사람을 간파하는 눈이 아직 충분히 성숙되지 않은 것입니다.

따라서 일본인이 영어권에서 배울 것은 아직도 많습니다. 그것은 언어 지식만이 아닙니다. 문화적으로도 배울 것이 아직도 남아 있다고 봅니다.

미국은 몰락하고 있지만 그렇게 간단하게 무시할 수는 없습니다. 아직 저력이 꽤 남아 있습니다. 특히 사람을 등용하는 방법, 선택하는 방법에서 일본과는 전혀 다른 점이 있습니다.

여성과 젊은 사람의 재능을 충분히 개발하지 않는 일본

또 강대국에 대해 느낀 점은 '여성들의 우수성' 입니다. 여성의 우수함에 정말 놀랐습니다. 일본에서는 특출하게 우수한 여성을 좀처럼 만나기가 힘들지만, 미국이란 나라에서는 여성들이 남성들과 어깨를 나란히 하고 있습니다. 역시 '남녀 불문하고 우수한 사람들을 필요로 한다' 라는 조건이라면 우월한 여성이 많이 나타날 것입니다.

예를 들어, 아들 부시 정권 시절 라이스는 아프리카계 흑인 국무장관이었습니다. 'IQ가 2백 정도 되는 것은 아닌가?' 라고 생각될 정도로 아주 우수했고, 아버지 부시가 대통령이었던 시절에도 대통령에게 국제 정치 분야를 조언하고 있었습니다.

역시 '아프리카계 흑인 여성이 국무장관직을 맡는다' 는 것은 대단한 나라입니다. 능력 있는 사람에게는 얼마든지 기회가 주어지는 나라인 것입니다. 실제로 라이스가 그만큼 우수한 인재이기 때문에 가능한 일인 것입니다.

어디든 라이스처럼 우수한 여성이 많습니다. 문화적인 요인도 있겠지만 일본은 여전히 여성의 재능을 펼치기에 충분한 사회 분위기가 보장이 되어 있지 않은 것입니다.

마찬가지로 우수한 젊은이들도 꿈을 제대로 펼치지 못하고 있습니다. 어떤 경우냐 하면 어느 조직에서 출세할 것 같은 사람이 출세 코스에서 벗어나서 전직, 자영업 등을 시작하기 때문에 그만큼 늦거나 난관에 부딪혀 뜻을 이루는 것이 늦어지는 경우가 허다한 것 같습니다.

경험이 많으면 젊은 사람의 고민이 대수롭지 않게 보인다

확실히 젊은 사람을 평가하기는 어려운 일입니다. 사람은 연령에 비추어 생각하기 때문에, 아무래도 자신의 연령을 중심으로 가치 판단을 합니다.

그런 판단은 어떤 의미에서는 맞을 것입니다.

평론가인 와타나베 쇼이치(渡部昇一) 씨는 여러 책에서 '젊은 시절에는 모두가 나츠메 소세키(夏目漱石)가 좋다고 하지만, 자신처럼 나이가 들고 나면 재미가 없어진다'고 합니다. 소세키의 작품은 대부분 30대에서 40대에 쓰인 것인데 그 나이보다 자신이 나이가 들면 작품에 나오는 인생의 고민 등이 시시하게 보이는 것 같습니다.

즉 '나이가 들면, 소세키가 다룬 큰 문제 같은 것들이 하찮게 보인다. 우리라면 쉽게 해결할 수 있는 것을 주인공이 끝없이 고민하고 있다'고 와타나베 씨는 말하고 있습니다.

예를 들어 메이지(明治) 시대에도 금전적 부채는 큰 문제였으며, 소세키의 작품은 빚을 갚지 못해 고통에 빠진 내용이 테마인 소설도 있습니다만, 와타나베 씨는 '지금 그 글을 읽어보면 주인공은 쓸데없는 일로 고민하고 있는 것을 알 수 있다'고 설명합니다.

물론 일정한 연령이 되면 젊은 사람의 고민이 하찮은 것으로 보이는 것은 일반적인 일입니다. 자신이 경험하고 생활하면서 여러 번 같은 문제를 보게 되면, 자연스럽게 알게 됩니다.

그러나 자신에게 처음 일어난 인생 문제의 경우에는 그것이 굉장히 큰 문제로 보입니다.

이전에 도쿄 정심관(행복의 과학의 연수 시설의 하나)에서 질의 응답을 할 때 한 젊은 여성이 '사업을 시작하려고 생각하고 저축해 두었던 4백만 엔을 지인에게 빌려 주었더니 갚지 않네요. 어떻게 하면 좋을까요?' 라는 질문을 받았습니다.

본인은 사업 자금이 부족하기 때문에 큰 문제일 것입니다. 그러나 연륜을 쌓고, 일정한 나이가 된 사람이라면 사전에 무언가 담보를 설정했을 것입니다. 또는 '위험할 것 같다'고 생각했으면 처음부터 빌려 주지 않았을지도 모르고, 빌려 준다고 해도 절반 정도만 빌려 주었을지도 모릅니다. 그런데 경험이 없으면 이렇게 생각하지 못하는 것입니다.

돈의 문제에 관해서는 예전의 학교 선생님으로부터 사람이 돈을 빌려 주려면 '일단 돌려받지 못한다'고 생각하고 빌려 주라고 배운 적이 있습니다.

개인적으로 돈을 빌리러 오는 사람은 대부분 돈을 갚을 능력이 불투명하다. 확실히 갚을 수 있다면 은행에서 빌릴 것이다. 은행에서 빌릴 수 없으니 개인적으로 빌리려 하는 것이고, 그런 사람에게 빌려준 돈을 돌려받는다는 확률이 희미하다. 그러나 단호하게 거절하면 우정에 금이 가기 때문에 부탁받은 금액의 일부만 빌려 주어라. 그리고 '그 돈은 돌려받지 못할 것'이라고 생각하고 잊어버리는 것이 마음 편할 것이다. 처음부터 '주는 것'이라고 생각하고 돈을 빌려 주면 우정은 지킬 수 있으면서 당신에게도 손실이 적을 것이다.

이렇게 사회 선생님으로부터 배운 기억이 납니다.

이후 실제로 '돈을 빌려 달라'는 지인들에게 일부 금액을 빌려 주었습니다. 만족하지 않았겠지만 상대도 완전히 거절당했다는 느낌은 받지 않았을 것입니다.

하지만 역시 그런 돈은 돌려받은 적이 없습니다. 사회 선생님이 말씀하셨던 대로입니다. 꽤 시간이 흘렀는데도 상대는 자기가 빌린 것조차 잊고 있었습니다. '그랬었나?' 라고 고개를 갸우뚱거리며 전혀 기억하지 못했습니다.

아무래도 인간은 복잡한 것들은 잘 잊어버리는 것 같습니다. 고의가 아니라 '선의' 로 잊는 사람도 있을 것입니다.

나츠메 소세키의 소설을 예로 들어 '경험이 많으면 알 수 있는 일을 젊은 사람은 좀처럼 알 수 없다' 는 내용을 서술했습니다. 물론 그럴 수도 있습니다. 그러나 한편으로는 '경험만으로는 젊은 사람들의 무한한 능력과 재능을 판단할 수는 없다' 고 볼 수도 있습니다. 젊은 사람의 '참신한 시각' 이나 젊은 사람이 감지하는 '새로운 시대의 숨결' 등을 경험의 관점으로만 판단한다면 미래를 내다보는 것이 불가능합니다.

따라서 젊은 사람의 의견을 들어 주는 것이 필요합니다.

젊은 사람의 능력을 끌어내기 위해 유의할 점

나는 젊은 시절에 윗사람에게 여러 가지 의견을 제시하는 편이었고 의견을 제대로 받아들여 주는 윗사람을 좋아했습니다. 의견을 펼치다 보면 중간에 윗사람에 대한 비판이나 언짢은 표현이 되더라도 그것을 받아들여 주는 상사나 선배에게 호감을 느껴 중요 사항을 자주 상의도 하고 토론을 하기도 했습니다.

간혹 '듣기 싫은 소리일까?' 라고 생각하면서도 '이 부분은 이러이러해서 잘못되었다고 생각합니다' 라고 정확한 의견을 펼쳐 나갔었습니다. 당황해 하면서도 '자네의 면밀한 조사가 맞겠지' 라며 인정해 줬습니다. 역시 그럴 때에는 매우 힘이 났던 것 같습니다.

그래서인지 지금도 내 자신에 대해 여러 소리를 들어도 어느 정도 그렇게 받아들입니다.

나에게는 5명의 자녀가 있는데 3명은 아직 10대이기는 하지만 나에게 의견을 말해 오면 한 인격체의 의견으로서 듣습니다. 판단할 때에는 반반(半半)의 의견일지 모르나 경청하는 태도를 보이면 의견을 말하는 측에서는 자신이 인정받는 느낌이 들어서인지, 한층 더 성숙하게 대화를 나누게 됩니다.

반대로 '그런 걸 니들이 알기나 하냐?' 라는 식으로 잘라 버리면 아이들은 더 이상 아무것도 말하지 않게 될 것입니다. 따라서 소신껏 의견을 피력할 때에는, 절대로 받아들일 수 없는 것 이외에는 어느 정도는 인정해 주도록 하고 있습니다. 이런 것이 중요한 마음가짐입니다.

업무에서 나이와 경험이 중요하다면, 그것에 관계없이 재능과 지식, 새로운 감성 등을 받아들여야 하는 경우도 있습니다. 따라서 윗사람은 좋은 패자(깨끗하게 패배를 인정하는 사람)라고나 할까, 젊은 사람의 의견을 인정해 주어야 합니다. 그렇지 않으면 새로운 것은 받아들일 수 없습니다.

특히 감성에 관련된 신상품 개발과 새로운 산업에 관해서는 경험을 너무 내세우는 것은 별로 좋지 않다고 생각합니다.

손윗사람에게 자신의 의견에 귀 기울이게 하는 조건

'어린 사람의 능력을 인정한다', '어린 사람의 의견을 듣는다', '어린 사람에게 배운다' 는 것은 꽤 힘이 듭니다.

나는 30세부터 행복의 과학의 일을 시작했는데, 당초 나의 설법을 듣던 사람은 나보다 나이 많은 사람이 더 많았습니다.

'어린 사람의 설교를 듣는 것이 힘들 것이다'고 생각했지만, 그래도 많은 사람들이 들어 주셨습니다. 특히 내가 30살일 때 90세이신 분도 들어 주셨습니다.

이렇게 나는 나이가 드신 분들이 이끌어 주셔서 오늘의 내가 있게 된 것입니다.

다만 경험에서는 당연히 부족했을 것입니다. 나로서도 인생 경험이 부족한 설교임은 알고 있었고 '역시 지식·교양 분야에서 어느 정도 노력하지 않으면 안 된다'는 마음이었습니다.

젊지만 지식과 교양 측면에서 어느 정도 전문적인 면을 갖출 수 있으니 '그런 점은 손윗사람들보다 더 많이 노력하고 공부한다'는 뜻을 게을리 하지 않고 많은 노력을 해야만 했습니다.

그처럼 '끊임없이 공부를 하고 있다'는 자세로 어느 정도 예의를 갖추면 손윗사람도 인정해 주는 법입니다.

따라서 앞서 서술한 것과 반대의 이야기일지도 모르겠습니다만, 젊은 사람들은 건방지게 보이지 않도록 노력하는 것이 중요합니다. 그러면 손윗사람이 의견을 제대로 들어 줍니다.

손윗사람에게 받아들여지지 않고 거부당한다면 자신의 매너(태도)의 문제인지 아니면 내용의 문제인지, 그 부분을 검토해 보는 것이 좋습니다.

내용은 좋아도 매너가 나쁘면 들어 주지 않는 경우도 있기 때문입니다. 예의바르게 할 말을 제대로 하는 것이 중요합니다.

불황기에서는 제대로 된 기획과 제안은 매우 중요합니다. 중요 부분에서 막히면 새로운 일은 싹 틔울 수 없습니다.

젊은 사람일수록 기발한 기획들을 제안하지만, 시시한 기획도 실제로 많이 있습니다. 따라서 손윗사람들은 시시한 것을 제대로 선별해 내는 눈이 필요하며, 아랫사람은 무시당해도 굴하지 않고 발언하는 기개가 필요합니다.

그만큼 기획력과 제안력은 매우 중요합니다.

보고 · 연락 · 상의에
대해 주의할 점

일을 맡았다고 해도 그것은 전권 위임이 아니다

보고나 연락, 상의는 간단하게 할 수 있는 것이 아닙니다.

'지시를 받고 대기한다'는 것입니다. '지시를 받고 그대로 하기만 하면 된다'는 식으로 일한다면 처리하기 어려운 일은 일어나지 않습니다.

확실히 '상사가 지시해야만 행동한다', '불필요한 일은 하지 않는다', '재촉하지 않으면 보고하지 않는다'라는 식으로 몸을 사리면 자신은 안일하게 지낼 수 있을지도 모릅니다. 그렇게 근무한다면 개인도 점점 힘들어지고, 회사 발전에 기여할 수도 없습니다.

　제1장에서 서술했듯이 상사로부터 업무를 위임받았을 때는 전권 위임이라고 생각해서는 안 됩니다. 그것은 착각입니다.

　만일 당신에게 맡긴다고 하더라도 그것은 전권 위임을 받은 것이 아니라 '이 일의 담당은 당신입니다'라는 일의 분담에 지나지 않습니다. 상사는 많은 업무의 하나를 '이 부분은 당신이 처리하시오'라고 그 일을 나누어 준 것뿐입니다.

　따라서 자네 맘대로 다 처리해도 좋다는 것은 아닙니다.

　과중한 업무의 일부를 나눠 처리하려고 부하 직원에게 전담시키는 것입니다. 위임했다고 해서 단순히 맡았다라는 생각으로 자신이 마음대로 처리해도 좋다고 생각한다면 그것은 큰 잘못입니다.

상사의 입장에서 시기적절한 보고 · 연락 · 상의를 한다

　위임받았다고 한다면 정확한 보고가 필요합니다. 즉 일을 맡긴 상사의 입장에서 고려하여 '상사는 이제 보고를 듣고 싶을 것이다', '무슨 문제점이 발생되지 않았는지 궁금해 하실 것이다'라고 생각해야 합니다.

그리고 적시에 상사에게 보고해서 '이런 문제가 발생했는데 어떻게 처리할까요?' 라고 판단을 구하는 것이 중요합니다.

그때 '상관없으니 그냥 진행하라' 라는 경우도 있겠지만, '그렇다면 이런 식으로 생각해 보는 게 어떤가?' 라는 의견에 보탬을 주실 경우도 있습니다. 일을 하는 도중에는 이런 식으로 생각이 바뀌는 중요한 요지가 있기 때문에 제대로 물어보고 보고하는 습관을 길러야 합니다.

또 위임했다고 해서 그 말을 진심으로 받아들여서는 안 되고 '나를 대신해서 처리해 달라' 는 뜻으로 받아들여야 합니다.

일을 추진할 때 '상사가 그 일을 한다고 하면 어떻게 할 것인가?' 를 늘 생각함과 동시에 '상사라면 이 부분을 이렇게 갈등하시겠지, 이런 경우 어떻게 판단하는가?' 라고 생각하는 것들에 대해서는 상사에게 제대로 보고하고 수시로 연락하며 상의를 해야만 합니다.

위임받은 일은 모두 본인이 원하는 대로 해도 좋다라는 뜻이 아니므로 진의를 잘 파악해야 합니다.

엄격함이
사람을 키운다

　일이라는 것은 상사의 '사람이 좋다, 나쁘다'에 관계없이 어려움을 가지고 있습니다.

　어떤 외국인의 저서에 《코노스케 론(論)》이라는 책이 있는데 거기에는 마츠시타 코노스케(松下幸之助)에 관한 재미있는 에피소드가 소개되고 있었습니다. 그것은 마츠시타 코노스케가 말년에 몇몇 간부를 초청해서 오찬을 나누었을 때의 이야기입니다.

　요리로 스테이크가 나왔는데, 당시 이미 80세를 넘긴 마츠시타 코노스케는 끝까지 다 먹지 못하고 절반을 남겼습니다. 식사가 끝나자 요리를 준비한 주방장을 불러달라고 부탁했다고 합니다. '점장(店長)이 아니라 주방장을 불러 달라'고 요구했기 때문에 요청을 받은 사람은 '뭐라고 말씀하실까?' 라고 궁금해 하며 조심스레 주방장을 불러왔더니 마츠시타 코노스케는 다음과 같이 말씀하셨다고 합니다.

'스테이크를 절반 남기긴 했지만, 맛이 없어서가 아닙니다. 매우 맛있었습니다. 나는 이미 여든이 넘은 몸이라 전부 먹을 수가 없어서 절반을 남겼습니다. 아무 말도 하지 않고 이를 남겨버리면 스테이크가 마음에 들지 않았구나라고 생각할까 봐서 당신을 불러 달라고 했습니다.'

오찬에 초대되었던 한 간부는 이 광경을 보고 '코노스케 씨는 성인(聖人)과 같은 사람이다' 라고 감탄했다고 합니다.

또한 이 책에는 그 간부가 5년 후 경험한 이야기도 실려 있었습니다.

당시 그 간부가 담당하던 사업부는 적자가 나고 있었습니다. 거기에 상담 역할이었던 마츠시타 코노스케가 와서 '매출이 1천억 엔이나 적지를 보고 있다니! 이런 식의 경영은 절대로 용서할 수 없다' 라고 얼굴이 새빨갛게 될 정도로 화를 냈다고 합니다. 스테이크를 절반 남기고는 '기분 나빠하지 않도록' 배려했던 사람과는 또 다른 모습이었습니다.

그때 그 사업부는 본사에서 2백억 엔의 융자를 받아 위기를 모면하려고 했지만 마츠시타 코노스케는 '그런 것은 허용할 수 없다. 1천억 엔이나 매출이 있는데도 불구하고 적자를 낸다면 사업 부장 이하 경영진이 무능한 것이다. 본사로부터의 2백억 엔의 융자는 모두 회수해라. 본사에서는 절대로 줄 수 없다' 라고 했습니다.

그래서 '하지만 마츠시타 님, 2백억 엔의 융자를 받지 못하면 사원들에게 급료를 지불할 수 없습니다' 라고 했더니 마츠시타 코노스케는 '그런가? 그렇지만 이런 경영은 있을 수 없는 일이다. 절대로 안 된다. 그러니 회사를 다시 세울 수 있는 경영 계획을 만들어라. 어떻게 흑자를 만들 수 있는지 써서 나에게 가져와라. 그러면 은행에 이러한 재건 계획이 확실하니 융자를 해 달라 하겠다. 소개장이 있으면 은행에서 빌려줄 것이다. 본사에서는 돈을 내주지 않겠다' 라고 강력하게 지시했습니다.

그 간부는 마츠시타 코노스케가 엄청나게 화를 내는 것을 보고 '이 분이 그때의 코노스케 씨와 동일 인물인가?' 라고 의아해 했다고 합니다.

이처럼 마츠시타 코노스케는 개인적으로 매우 부드러운 면이 있는 사람이었지만, 일에 관해서는 매우 엄격한 면을 가지고 있었습니다. 즉 '방만 경영을 하여 적자를 내는 것은 용납하지 않는다. 사고방식을 바꾸면 적자를 극복할 수 있는데, 본사에 의지해서 본사에서 돈을 빌리려고 하는 그런 안이한 생각을 용납할 수 없다'고 격노하는 그런 경영에 대한 철저함이 있었던 것입니다.

이와 같은 이면성이 있다는 이야기를 한 외국인 경영학자가 책에 썼습니다.

확실히 인간은 부드럽고 친절하게 행동하는 편이 좋은 이미지를 남깁니다. 그러나 업무에서는 엄격함이 없으면 안 됩니다. 이것도 '불황을 이기는 사원학 입문'이라고 할 수 있습니다.

방만 경영으로 이어지는 틈이 많은 경영 방식, 예를 들어 불필요한 비용이나 불필요한 투자, 잘못된 사업 계획 등에 엄격하게 칼을 휘둘러 수정해야만 합니다. 일에 대해서는 이러한 엄격함을 가짐과 동시에 인간으로서는 인간미 넘치는 부드러움을 가지는 것이 중요합니다. 이러한 상반된 성격을 가지고 있는 사람이 일반적으로 '덕이 있다'고 평하는 것입니다. '매사에 부드럽다'는 것은 안 됩니다.

코노스케 씨는 스테이크를 절반 남기고 '미안하다'고 말했던 사람이니까 '이만큼 적자가 났습니다'라고 보고 해도 '유감이군. 다음에는 힘내라'라고 격려해 줄 것이라 여길지 모르지만, 그렇지 않았습니다. '방만 경영에 대해서는 단호하게 용납하지 않는다' 라고 했습니다.

결국 그는 '그런 안이한 태도여서는 안 된다' 는 것을 가르쳐 주고 싶었던 것입니다. '사업부로 배정된 이상 제대로 된 경영을 하지 않으면 용서하지 않는다' 는 것입니다.

이러한 엄격함이 사람을 기르는 면도 있습니다. 이것도 알아 두어야만 합니다.

항상 자신의 무기를
갈고 닦아야

서투른 영어라도 내용은 전달된다

절대적으로 '영어 공부는 해야 한다' 고 했습니다만, 젊은 사람들에게 특히 어학은 노력을 나타내는 척도 중의 하나입니다.

확실히 외국어는 어렵습니다. 예를 들어 일본에 온 외국인 중에는 일어로 일을 진행하는 사람도 있지만, 보통은 이상한 발음으로 일어를 하고 있습니다.

다만 그런 외국인이 '정말로 청천벽력할 일이네요' 라고 말한다면 그것을 듣는 일본인은 깜짝 놀랄 것입니다. 서투른 발음으로 서투른 일어를 하는 외국인이 갑자기 '청천벽력' 과 같은 어려운 단어를 사용한다면, 보통 일본인은 놀랄 것입니다.

청천벽력은 일본인도 정확한 뜻을 모르는 사람도 있을 것입니다. 그런 어려운 말을 사용하면 비록 발음이 서툴러도, 순간적으로 상대에게 경의를 느끼고 '이 사람을 얕잡아 보지 말아야지. 의외로 내실 있는 사람일지도 모른다' 라고 생각하게 되지 않겠습니까?

사실, 영어에서도 이와 유사한 일이 있습니다.

일본인의 경우, 영어 발음은 어차피 서투릅니다. 영어를 매끄럽게는 말할 수 없습니다. 하지만 대화 중에 외국인이라도 모를 것 같은 영어를 이따금 사용하면 상대는 '이 사람은 열심히 공부하고 있구나', '전문적인 지식을 가지고 있다'고 느낄 수 있습니다.

청천벽력이라는 단어의 경우 영어는 여러 가지의 말투가 있습니다. 예를 들어 'a bolt from the blue' 라는 말이 있습니다. 'a bolt은 번개', 'the blue는 푸른 하늘' 이라는 뜻입니다. 즉 '하늘에서 떨어지는 번개' 라는 뜻이며, 이것은 청천벽력과 비슷한 표현입니다.

예를 들어 누군가가 갑자기 승진했을 때 일본인이 재빠르게 'It's a bolt from the blue' 같은 말을 하면 이번에는 외국인 쪽이 '이런 영어를 알고 있나?' 라고 놀랄 것입니다. 저쪽 입장에서도 바로 청천벽력입니다.

뉴욕에서 영어로 설법을 했을 때의 에피소드

몇 년 전, 뉴욕에서 영어로 설법을 했는데 그때의 에피소드를 하나 소개하겠습니다.

나는 사전에 뉴요커들은 자만심에 가득 차 있어서 '일본인이 하는 영어를 좀 들어볼까?' 라는 호기심으로 참석할 것이라고 예상하고 있었습니다. 그래서 '조금 농담을 섞어보자' 라고 생각하고 설법 속에서 영어를 사용했습니다.

내가 뉴욕에 가기 전에 '명왕성은 행성인가 아닌가?' 는 것이 화제가 되어 과학 잡지나 신문의 과학란 등에 '명왕성은 지름이 작기 때문에 행성이 아닐 수도 있다' 라는 기사가 자주 실렸습니다.

결국 명왕성은 행성에서 준행성(準行星)으로 격하되었는데 이것을 계기로 일부 미국인 사이에서 'be plutoed(격하되다)' 라는 영어를 사용하게 되었습니다. 'Pluto' 는 본래 '명왕성' 이라는 의미의 명사이지만 그 명사를 동사로 바꿔 'be plutoed' 라는 수동형으로 농담처럼 사용하는 것이 유행했습니다.

이것은 사전에 실려 있지 않은 말이지만, 평소에 영어 신문의 칼럼이나 영어 잡지를 읽는 사람이라면 알고 있습니다.

그래서 나는 이 'be plutoed'라는 말을 설법 속에서 사용해 보았습니다. 뉴요커들은 어차피 서툰 영어라고 생각하고, 나의 영어 설법을 듣고 있을 것이라고 생각했기 때문에 한 곳에만 그 말을 넣어 보았습니다. 그러자 일부 뉴요커는 웃었습니다만, 일부 뉴요커는 전혀 반응하지 않았습니다. 후자 쪽은 이 말을 몰랐던 것입니다. 아마도 과학 관계 기사 등은 읽지 않는 사람들이었던 것입니다.

그리고 'be plutoed'라는 말을 알고 웃었던 뉴요커들은 '이 사람은 이런 최신 영어까지 알고 있구나'라고 느꼈을 것입니다.

'예전에 미국에 있었습니다', '예전에 영어를 공부했습니다'라는 사람은 2년 전에 만들어진 영어를 알 수 없습니다. 들어본 적도 없거니와 사전에도 실려 있지 않기 때문입니다.

즉 반응하는 사람들은 꽤 친근감을 가지고 대해 준다고 할까, '이 사람은 보통의 일본인과는 달리 자신들과 같은 수준으로 지식을 구축하고 있는 것 같다'고 이해하고 있을 것입니다.

한편 반응하지 않은 사람들도 '이 사람은 자신보다 많은 것을 알고 있을지도 모른다' 라고 느꼈을 것입니다. 그리고 '발음이 나쁘다', '문법적으로 많은 실수를 하고 있다' 라는 것을 어느 새 잊어버리고 '자신이 모르는 단어를 사용했다' 는 사실만이 머리에 남게 되는 것입니다.

나는 영어 설법을 할 때 가끔 이런 식으로 합니다. 외국인이 청천벽력이라는 말을 사용하여 일본인이 놀라는 것과 같은 일이, 내가 영어로 설법을 할 때 실제로 일어나고 있는 것입니다.

마지막에는 폭넓은 교양이 효과가 있다

반대의 경우도 있습니다.

예를 들어 통역 자격을 가진 일본인 가이드가 대단히 유창한 영어로 말하고 있었는데, 어느 순간에 갑자기 말을 멈춰버리는 경우를 나는 몇 번 목격한 일이 있습니다.

가이드의 경우, 늘 안내하는 관광 코스는 얼마든지 유창하게 설명할 수 있지만 사상적인 내용이나 정치적인 내용, 철학적인 내용 등 자신이 모르는 이야기가 전개되면 갑자기 아무 말을 할 수 없게 됩니다. 그리고 침묵의 시간이 길어지면 가이드로 거의 쓸모없는 상태가 되어 버립니다. 그런 일이 종종 있었습니다.

무슨 뜻인가 하면 '폭넓은 교양을 익힐 필요도 있다' 는 것입니다.

이외에도 비슷한 일이 있었습니다.

옛날 미국의 서해안, 캘리포니아 쪽을 여행 중이었을 때, 유창하게 영어를 구사하는 일본인 가이드가 있었습니다. 그 가이드에게 내가 '이 곳은 피터 드러커의 집 근처네요. 그런데 드러커에 대해 알고 있습니까?' 라고 물었는데 그 사람은 드러커라는 사람을 몰랐습니다.

수많은 경영학자 중에 드러커에 대해 당연히 모를 수는 있지만 더 이상 대화가 진행되지 않았습니다.

따라서 자기 분야에 특출하더라도 늘 관심을 가지고 교양을 계속 넓혀가는 것이 중요합니다. 언제 어떤 화제가 펼쳐질지 모르기 때문에 교양을 쌓는 노력을 게을리하지 않도록 하십시오. 상대를 얕보고 있어서는 안 됩니다. 살다보면 한 분야에 대해 대화를 나누는 것이 아니라 다양한 대화가 펼쳐지기 때문에 박식해야 할 것입니다.

'영어에는 자신 있다' 고 해도 갑자기 경영 이야기 등이 나온 순간에 조용해져 버리는 것은 상식이 모자라기 때문입니다.

이처럼 지식과 교양에 따라 상하 관계가 뒤집힐 수 있습니다. 처음에는 자신이 더 우위에 있다고 뽐내고 있어도 지식과 교양이 부족하면 역전되어 버리는 경우가 있습니다.

나도 과거, 상대와의 관계가 갑자기 뒤집힐 만한 순간을 여러 번 경험했습니다. 독자 여러분도 폭넓게 공부하라고 권하고 싶습니다.

영어도 결국은 영어 실력을 겨루는 것이 아니라 사실 국어를 겨루는 것입니다. '국어 교양을 어느 정도 가지고 있는가' 라는 것이 사실은 효과가 발휘됩니다. 어느 분야에 대한 교양이 없으면, 그것을 영어로 말하기는 실제로 불가능합니다.

'일어로 종교에 관해 토론할 수 없는 사람이 그것을 영어로 설명할 수 있는가?' 라고 물었을 때 힘들 수 있습니다.

일본인들도 종교에 관해 잘 모르는 사람은 얼마든지 있습니다. 따라서 외국인이 종교에 대해 질문해 오면 대답이 힘들 수 있습니다. 언제 어떤 자리에서도 당황하지 않으려면 폭넓은 지식을 늘려가는 것이 중요합니다.

마지막으로 경기가 힘들 때일수록 공부가 매우 중요합니다. 항상 자기 자신의 무기를 닦는 것을 잊어서는 안 된다는 것, 이것은 사장뿐만이 아니라 일반 사원에게도 중요한 마음가짐이라는 것을 상기시켜 드리고 싶습니다.

제3장

행복의
과학적 직무법

행복의 과학적 직무법

성공은
행복해지는 길

행복의 과학은 인간이 행복해지기 위한 방법을 이 세상적인 관점과 저 세상적인 관점 모두에서 탐구하고 있습니다.

나는 종종 일에 관하여 이야기하고 있습니다만, '어떻게 하면 행복해질 수 있을까?' 라는 것 중에서 일을 잘하면 성공하고 행복해진다는 것의 중요 부분을 설명해 드리고 싶습니다.

누구든 일을 성공하지 못하다면 세상에서 창출하는 가치는 아무래도 적을 것입니다. 그러나 일을 함으로써 경제적인 수입을 얻을 수 있는 것이고 가족의 행복과 인생의 성취감 등 여러 가지가 충족되어지는 것입니다.

그런 의미에서 '행복의 과학적인 직무법은 무엇인가?' 를 연구하고 탐구하는 것은 매우 중요하다고 생각합니다.

물론 여기에서 직무법의 모든 것을 망라하고 있지는 않습니다. 그러나 어느 부분에 대해서는 이야기할 수 있을 것입니다.

그러한 방법은 내가 과거에 실제로 경험했던, 이미 검증된 방식입니다. 즉 나 자신이 겪은 일이고 그 결과에 대해서도 실증이 끝났습니다. 여러 사람에게 각각 그 방법이 서툴거나 어색한 면은 있겠지만 잘못 사용하지 않는다면 누가 어떻게 사용하든, 아마도 많은 성과가 나타날 것입니다.

밝고 적극적이며
긍정적인 인생관을 가진다

내재되어 있는 성공적 요인을 끌어내 실패 요인을 막아내자

직무에 임할 때는 먼저 직무에 대한 정신적 태도가 중요합니다. '직무를 어떻게 생각하는가?', '주어진 업무를 어떻게 처리해 나가야 하는가?' 는 결국 성공 방법의 큰 부분을 차지하고 있습니다.

물론 사람의 성격은 다릅니다. 그 중에는 타고난 성격도 있습니다. 태어나면서 부모로부터 물려받은 성품에 따라 이미 성공과 실패는 정해져 있다. 성장하고 나서 많은 노력을 해도 해결되지 않는 부분은 어떻게 할 수가 없다고 체념하며 타성에 젖어 있을지도 모릅니다.

물론 타고난 개인적 성격에 따라 차이는 있겠지만, 그 현상을 간단하게 받아들일 것이 아니라 '자신이 가지고 있는 성품 속에서 어떤 방법으로 성공 요인을 이끌어 낼 것인가, 혹은 실패하지 않으려고 어떻게 노력하는가?' 라는 것이 중요합니다.

실패한 사람은 실패 요인으로 더 가까이 다가가고 성공 요인에서 스스로 벗어나는 경향이 있습니다.

물론 성격은 태생에 따라 다릅니다. 부모가 같은 형제라도 다른 것처럼, 성격이 동일한 사람은 없습니다. 비록 타고난 천성에 따라 '여기까지 성공할 수 있다' 라는 것에서부터 '최소한 실패는 여기까지다' 라는 것까지 가능성은 무한한 것입니다.

즉 자신에게 주어진 가능성에서 어떻게 성공할 수 있을까? 가 중요합니다.

마음에 그린 모습은 똑같은 것을 끌어들인다

성공하는 방법은 여러 가지가 있다고 봅니다만, 성공할 수 있는 방법은 역시 삶에 대한 긍정적인 태도입니다.

아무리 우수한 사람이라 하더라도 매우 어두운 사고방식을 가진 사람은 스스로 실패를 초래합니다. 또한 우수한 사람이라도 마음이 어두운 것을 추구하는 경우와 밝은 것을 추구하는 경우는 결과가 달라집니다.

마음이 어느 쪽을 향하고 있는지에 따라 만사에 대한 반응이 달라집니다.

즉 밝고 적극적인 것을 지향하는 사람은 역시 그런 것을 자석처럼 끌어당깁니다. 그런데 마음의 그림에 어두운 것을 그려서 어두운 것을 추구한다면 어두움을 끌어오는 것입니다.

예를 들어 자녀가 시험에서 80점을 받았을 때, '20점의 실수를 더 크게 따지는가, 아니면 받아온 80점을 더 크게 평가하는가?' 라는 시각에 있습니다. 두 경우 모두 80점이라는 결과는 동일하지만 그 평가 방법에 따라 그 후의 전개는 달라집니다.

'80점이나 받았다. 앞으로 20점만큼만 노력하면 되겠다' 라는 견해도 있을 것이고 '20점이나 틀렸다. 너는 안 되겠다' 라는 견해도 있겠지요.

두 가지 견해 중 어느 쪽이 더 심리적으로 유익하겠습니까? '80점이나 받았다. 조금 더 힘내면 더 잘할 수 있다' 라고 말해주는 편이 아이는 안정적으로 성장할 수 있으며, 자신감으로 이어져 성공의 길을 걷게 될 것입니다. 그러나 틀린 쪽만을 열심히 지적한다면 아이는 점점 기가 꺾일 것입니다.

아이도 그렇겠지만 어른도 기본적으로는 비슷합니다.

언제나 자신의 실패만을 생각하는 사람, 자신의 실패를 생각하는 시간이 긴 사람, 아침에 일어나서 계속 과거의 실패와 현재의 실패에만 머물러 있으면서 내일도 일이 잘못되는 것이 아닌가?라고 한없이 약해지는 사람, 이런 사람은 발전하기는커녕 실패하는 경우가 많습니다.

이것은 연애에서도 마찬가지입니다.

옛날부터 일본에서는 '투덜거리는 자는 사랑을 성취할 수 없다'고 했습니다. '예전의 애인과 이런 실패를 했기 때문에 나는 더 이상 안 된다'라는 과거에 집착하는 사람은 새로운 만남이 이루어져도 자신감을 잃어버립니다.

새 애인은 이전 애인과는 전혀 다른 사람입니다. 그 사람의 부모가 다르면 유전자도 다르고 자라난 환경도 다릅니다. 전혀 다른 인간이므로, 새로운 사람에게 전념해야 하는데 옛날의 환영(幻影)을 새 사람에게 투영시켜 버리는 것입니다.

예를 들어 '옛날 애인은 이러이러한 말을 아주 싫어했는데 또 새로운 연인에게도 같은 말을 해버리고 말았다'라는 식입니다. 나는 더 이상 안 된다고 자기 자신을 자학하면서 이전과 같은 실패를 반복하는 것입니다.

즉 항상 품고 있는 마음의 그림이라는 패턴이 그대로 현상화(現象化)되어 나오는 것입니다. 이런 것이 나쁜 쪽으로 현상화되면 나쁘게 영향을 미칩니다. 반대로 유익한 쪽으로 현상화된다면 결과는 좋게 미칩니다.

이러한 마음의 법칙은 그 방면의 책에서 잘 다루고 있지만, 실제로 겪어 보지 않으면 좀처럼 알 수 없는 것입니다.

자신의 마인드를 바꾸면 전개는 달라집니다. 같은 능력을 가진 인간도 정신적으로 비참한 생활을 하는 경우와 의욕적인 경우와는 삶이 전적으로 다르게 전개됩니다.

자신의 정신 태도가 주변 사람들에게 영향을 미친다

인간은 사회적 동물이기 때문에 혼자가 아니라 서로 같이 팀을 이루어 일하며 활동합니다. 스스로가 적극적이고 긍정적인 사고방식을 가지고 있으면 자신이 빛날 뿐만 아니라 주위 사람도 기운이 납니다.

예를 들어 야구팀 중에 활기차게 활약하는 선수가 있다면 어떻게 될까요? 아무리 경기에서 패하더라도 그 선수가 '우리 다음번에는 힘내자!' 라고 말한다면, 다른 선수들도 포기하지 않고 노력하지 않을까요?

밝고 적극적인 사람이 있으면 주위 사람도 밝아지고 힘이 생기는 것입니다. 이러한 정신 태도는 자신뿐 아니라 다른 사람의 힘도 이끌어 내는 능력을 가지고 있는 것입니다.

동료들 가운데 부정적인 사고를 가진 사람이 모두 힘을 내자고 해도 어두운 한마디를 던지면 어둡게 영향을 미치기도 합니다.

게다가 그런 사람이 들어오면 사무실의 분위기도 갑자기 어두워집니다. 흔히 말하는 재수 없는 사람이라는 타입입니다.

'그런 사람이 같은 부서에 배속되면 그 부서는 어딘지 모르게 침체되어 간다. 그 사람 때문에 모두 의욕을 잃어버리게 된다' 는 의욕도 없고 부정적인 사람이 더러 있습니다.

본인 자신이 어두울 뿐만 아니라 주변 사람의 의욕까지 떨어뜨립니다.

이런 분위기 속에서 성공한다는 것은 대단히 어려운 일입니다. 세상에는 주위 사람들까지 어둡게 만드는 사람이 성공할 수 있는 암흑 산업(사람을 불행하게 하는 산업)이란 것도 어쩌면 존재할지도 모릅니다. 하지만 일반 사회에서는 보기도 힘들고 성공이란 단어와 거리가 멀 것입니다.

어쩌면 점쟁이들이 어두운 분야에서 움직인다고 표현해야 할지 모르겠습니다. 점에 의지하는 사람은 실은 나약하고 잠재의식이 부정적이어서, 나쁜 말을 해주면 믿는 경우가 많습니다.

그러나 일반적으로 그런 상술은 그다지 통용되지 않습니다.

사물의 밝은 면을 보는 것이 성공의 비결

밝고 적극적이며 긍정적인 인생관을 가지는 것 역시 성공의 바른 길입니다. 만약 어두운 정신 상태(심리적 경향)를 가지고 있다면 노력해서 밝은 방향으로 바꾸어야 합니다.

햇빛이 같이 비춰도 세상의 모든 것들은 항상 밝은 면과 그늘진 면이 있습니다. 그늘이 없도록 모든 방향을 비추고 있을 수는 없습니다. 밝은 곳이 있으면 반드시 그늘도 있는 법입니다. 그리고 그늘을 더 중시하는 사람은 밝은 빛을 의식하지 못하게 됩니다.

모든 것은 양면이 있기 때문에 밝고 건설적인 면만 보는 것도 성공의 비결입니다. 그러한 생각을 가진 사람에게 다른 사람도 '협력하겠다'고 모여들고, 좋은 아이디어도, 투자자도 모여듭니다.

그런데 그늘진 면만 보는 사람은 멀리하게 됩니다. 예를 들어 결혼을 했다고 해도 반려자가 너무 어두운 경우에는 평생 함께 생활하는 것을 견딜 수 없을 것입니다. 결혼 상대의 마음이 부정적이라면, 결혼할 때 아무리 맹세했다고 해도 도망치고 싶어지는 것은 당연합니다. 그것은 남성이든 여성이든 같은 일일 것입니다.

세상의 이치는 양면이기 때문에 가능한 밝은 면을 보도록 노력하는 것이 중요합니다. 그렇게 되면 매사에 일이 술술 잘 풀려 나갑니다.

이것은 나 역시 실제로 체험한 일입니다.

독자 중에는 무슨 일을 해도 실패하고 일이 꼬이기만 하는 자기 파괴적인 사고방식을 가진 사람도 있을 것이라 사료됩니다. 그런 사람은 사고방식 자체가 불행을 불러오고 있다는 것을 깨달아야만 합니다. 그리고 그 의식을 바꾸려고 노력해야만 합니다.

예를 들어 자신의 가족이 죽었다고 오랜 세월 동안 슬퍼하는 것을 넘어서서 그 불행을 핑계로 삶이 뒤죽박죽되는 사람도 있을 것입니다.

그러나 제행무상, 사람은 누구나 한번은 죽습니다. 그리고 그 사람이 살아 있는 것이 자신에게는 행복이라고 하더라도, 세상은 변해가고 다음 시대가 시작됩니다. 죽는 사람이 있는가 하면 동시에 태어나는 사람도 있는 것입니다.

죽는 사람이 있어야만 또 새로운 생명이 태어납니다. 아무도 죽지 않고, 노인이 된 상태에서 수백 년 동안 계속 산다면 세상은 어찌될까요?

세상에는 어둠도 있지만, 어둔 부분만 보면 세상이 어둠처럼 보이고 맙니다. 사실은 밝은 부분도 많습니다.

결국 '사람이 가지고 있는 촉각, 센서 부분이 무엇에 반응하는가?' 라는 것이 중요한 요점이 될 것입니다.

행복의 과학은 기본적으로 좋은 쪽으로 반응하는 경향이 강하다고 봅니다. 근본적으로 낙천적이고 긍정적인 측면도 가지고 있고, 만약 궁지에 빠졌다 해도 금방 치유될 실력을 가지고 있다고 생각합니다.

그것은 행복의 과학 근본에 건설적인 사고방식을 가지고 있기 때문입니다. 어떤 실패가 온다 해도 그것을 극복하고 성공으로 이끌어갈 수 있는 행복의 과학 사상이 있습니다.

행복의 과학을 믿는 사람들은 차츰 그러한 경향이 생겨나고 있다고 생각합니다.

질투가 아닌
축복의 마음을 가져라

질투는 인간을 행복하게 하지 않는다

'밝음', '어둠'을 주의 깊게 바라보면 인간관계에 문제가 있음을 알 수 있습니다. 질투와 축복의 문제는 아무래도 가까이 있게 마련입니다.

앞에서는 사물에는 밝은 면과 어두운 면의 양면이 있고, 그 중 어느 것을 보느냐에 따라 인생은 달라진다고 했는데, 이것을 알게 되었다면 다음에는 '질투가 얼마나 삶에 해로운가?' 라는 사실을 깨닫는 것이 매우 중요합니다. 인생에서 이것을 빨리 깨닫는 편이 훨씬 이롭습니다. 빠르면 빠를수록 그 사람은 그만큼 더 행복한 인생을 보낼 수 있습니다.

질투하면 행복해질 수 없다는 사실을 먼저 깨달아야 합니다.

많은 사람들이 자신보다 좋은 점을 가지고 있을 수 있습니다.

따라서 남들이 자신보다 우월한 면이 많다고 질투하면서 자기 자신을 비하한다면 행복해질 수가 없습니다.

다른 사람의 돈, 재능, 능력, 체력 등의 여러 가지 요소에 질투를 느끼기도 할 것입니다. 사람은 여러 가지로 질투를 느끼기 쉬운 법입니다.

하지만 질투만을 생각하는 사람의 인생은 역시 선망할 만한 인생은 아니라고 봅니다. 독자 여러분도 그럴 것입니다.

누구에 대해서도 질투하는 사람이 된다면 누가 보더라도 불행한 인생을 보내고 있는 것입니다. 참 딱하다는 생각이 듭니다. 질투심보다는 본받을 건 본받고 자기 자신에 대해 노력하는 사람이 더 행복합니다.

자신의 성격 속에 질투하는 버릇이 있다고 생각하는 사람은 '다른 사람을 쓸데없이 질투하여 스스로 불행해지고 있다' 는 것을 자각해야만 합니다. 자각하지 않으면 고쳐지지 않습니다.

자기 자신이 어둠 속으로 빠져드는 경향이 있으면 자기와 다른 사람을 비교하여 자신이 미치지 못하는 부분에는 스스로 동정하고 위로하면서 지내게 됩니다. 마치 기름을 핥는 고양이[6]처럼 자신의 상처를 후벼 파는 것과 같습니다. '이것은 성공할 수 없는 정신 태도다' 라는 것을 알아야만 합니다.

타인의 좋은 점을 인정하는 것으로 자신도 성장할 수 있다

자신보다 뛰어나고 성공한 사람을 보면 질투보다는 특출한 부분을 먼저 인정하고 본받을 점을 찾아야 합니다.

이 사람은 뛰어나다는 관점은 좋고 싫음의 문제와는 다른 차원의 것입니다. 본능적으로 '좋다', '싫다' 는 것은 있을지도 모르지만, 그 사람의 장점을 인정할 수 있어야 자신도 성장합니다.

그 사람의 좋은 점은 인정할 수 없다라고 부정하는 사람은 결국 인간으로서의 그릇이 커지지 못합니다. 다른 사람의 좋은 면을 인정하자라고 생각하는 긍정적인 사람이 그릇이 커져서 성장하는 것입니다.

그런데 다른 사람의 성공 등을 시샘해서 '변변한 일도 하지

❻ 일본의 괴담에서 고양이로 변한 요괴가 등잔기름을 핥는다는 이야기에서 나온 말. 당시 등잔기름은 광물유가 아닌 식물유로 고양이의 건강에는 해가 없으나, 본문에서는 핥을 필요가 없는 것을 핥는다는 뜻으로 씀

않았는데 저렇게 잘 되었다' 라고 비아냥거리는 사람은 자신도 모르게 야비한 인간이 되어갑니다.

다른 사람을 질투하고 남을 헐뜯는 사람은 보통 존경하는 마음은 생기지 않습니다. 친구가 되고 싶지도 않을 것입니다. 다른 곳에서 또 다른 말을 할 것 같아 그다지 친해지고 싶지 않을 것입니다.

그러나 다른 사람의 장점이나 성공하는 모습을 보면 항상 '좋은 점이 많은 사람이다' 라고 칭찬하는 태도를 가진 사람이라면 역시 친구가 되고 싶어질 것입니다. 이런 사람이라면 나의 좋은 면을 칭찬할 것이란 생각이 들어 사람들이 다가오게 됩니다.

따라서 자기 자신을 위해서도 다른 사람을 질투해서는 안 됩니다. 오히려 기꺼이 남의 뛰어난 부분을 칭찬하는 마음을 가져야 합니다.

그 중에는 자신이 행복하지 않다고, 다른 사람도 불행했으면 하는 생각을 가진 사람이 있는데 이런 사람의 인생 역시 불행해집니다. 사람이 실패하는 것을 보고 기뻐하는 사람은 적어도 인생의 이상형이 될 수는 없습니다.

성공한 사람을 인정하는 정신적 풍토를

자신이 성공했을 경우에는 '주변 사람들의 도움을 많이 받았기 때문에 성공한 것이다'라고 가슴속 깊이 감사함을 느껴야 할 것입니다. 실패한 경우에는 주변 사람들의 도움이 부족했다고 핑계대기보다는 자신의 노력 부족을 겸허하게 바라보는 것이 좋습니다. 또한 다른 사람이 성공했다면 긍정적으로 바라보는 것이 중요합니다. 그런 인격을 갖추도록 노력해야 합니다.

결국 회사 안에서 성공하는 사람이 생기면 그 회사는 발전하기 때문에 좋은 일입니다. 성공한 사람이 많아지면 회사 전체가 발전하는 것이며, 그것은 자신에게 되돌아올 것입니다.

자신이 성공하지 않았더라도 다른 사람들이 성공했다면 회사가 발전해서 무언가 혜택이 자신에게도 돌아오므로 좋은 일입니다.

예를 들어 회사 안에 새로운 사업을 찾아 성공한 사람이나 매출을 신장시키는 사람이 많아지면 그것은 기뻐할 일이며, 직원들이 모두 '나도 저 사람처럼 되고 싶다'는 태도를 가진다면 회사는 성공할 것입니다.

그런데 성공했을 때 모두가 질투를 해댄다면 조직에서는 사람들이 '눈에 띄는 일은 하고 싶지 않다'라고 생각하게 될 것입니다.

무능한 상사는 자신이 다치지 않도록 무능한 사람을 자신의 주위에 두기 시작합니다. 유능한 사람을 보면 자신이 폐품 취급을 당하는 것 같고 낡아빠진 것 같은 느낌이 들기 때문에 자신의 자리를 위협하지 않는 사람을 끌어 모으는 것입니다. 그러면 회사는 점점 기울어져 갑니다.

따라서 조직에서는 성공하는 사람이나 일을 잘하는 사람을 적극적으로 긍정하는 풍토를 가져야만 합니다. 자신이 성공하지 않아도 다른 사람의 성공을 기뻐할 수 있는 풍토를 가지면 조직은 반드시 발전해 갈 수 있습니다.

개개인이 자신의 일만 생각한다면 결국 축소지향이 되어 버립니다. 그러면 자신의 몫이 없어지고 점점 가난해집니다.

역시 성공을 확산시켜 나간다는 사고방식이 중요합니다.

그리고 이를 위해서는 다른 사람의 성공과 재능을 긍정하고 칭찬할 수 있는 마인드여야 합니다. 이렇게 되면 자신도 성장하고 모두가 성공하기를 바라게 될 것입니다. '축복할 수 있다는 것은 자신도 성공할 수 있는 바탕을 만들고 있는 것이다'라고 생각할 수도 있습니다.

가식적인 칭찬은 하지 않아야 한다

밝고 긍정적으로 타인을 축복하는 것은 매우 매력적인 품성이지만 가식적인 칭찬이라면 다른 사람을 수렁에 빠지게 만드는 것입니다. 다른 사람을 칭찬으로 무능하게 만들기도 하기 때문입니다.

먼저 사람을 칭찬할 때 계산적으로 칭찬하는 사람이 있습니다.

사람이 칭찬을 받으면 우쭐해집니다. 마음에도 없으면서 '다른 사람을 칭찬하면 일을 잘하겠지', '칭찬하면 이용할 수 있어서 편리하구나'라고 생각하고 가식적인 칭찬을 해버리는 것입니다.

모든 잘못이나 실수는 겉으로 드러나지 않게 덮어 버립니다. 나쁜 면을 보지 않는다는 경향이 나쁜 것을 은폐한다는 모습으로 바뀌어 가는 것입니다. 그런데 실패하면 모두가 은폐한다는 모습이면 발전과는 동떨어진 면이 나타나게 될 것입니다.

밝고 건설적인 면을 보는 것이 중요하지만, 남을 타락하게 만드는 사람이 되어서는 안 됩니다. 여기에는 '지혜'가 필요합니다.

세상에는 광명사상가가 많이 있습니다만, 그런 사람 중에서 성공을 부추기고 있으면서도 실패로 이끌어가는, 즉 사람을 타락하게 만드는 경향이 있음을 지적합니다.

누군가를 칭찬하는 경우에도 진정으로 상대의 특출한 면을 칭찬해야 합니다. 이용하고 싶은 마음으로 사람을 칭찬하는 습성이 있는 사람의 '달콤한 소리', '듣기 좋은 말' 들은 성공으로 가기보다는 실패로 이끌어 가는 것입니다.

또한 쓸데없는 칭찬으로 부추겨서 착각에 빠지게 하여 실패하게 하는 경우도 있습니다. 도움을 주는 것처럼 믿게 하여 벼랑에서 밀어 버리는 야비한 사람도 있다는 것을 깨달아야 합니다. 그렇게 하는 사람 자신도 깨닫지 못하고 있을지도 모릅니다. 그런 의미에서 '나는 사람들을 진심으로 행복하게 하고 있는가?' 를 자문하지 않으면 안 된다고 봅니다.

또한 칭찬만 하는 타입인 경우에는 실제로 마음이 약한 사람이 많습니다. 마음이 약하기 때문에 지혜를 발휘하여 사람들의 실수나 사람이 실패를 주의시켜 줄 수 없다는 것입니다. 이런 것을 주의해야 할 것입니다.

데일 카네기의 《인간관계론》의 문제점

'생장의 집' 에서 설하는 광명사상에는 이러한 '실패를 은폐하는 형태' 또는 '실패를 돌아보지 않는 점'이 있는데, 미국의 데일 카네기의 이론에도 비슷한 내용이 있습니다. 그의 저서인 《인간관계론》이라는 책을 보면 '무조건 칭찬을 해주면 사람은 움직인다'라는 식으로 이야기를 전개하고 있습니다.

그래서 나는 오래 전에 그것을 실천해 본 적이 있습니다.

확실히 칭찬만 하면 칭찬받는 사람은 기뻐합니다. 상대가 기뻐하고 기분 좋아하니까라는 이유만으로 항상 칭찬한다면, 정당하지 않은 경우에 칭찬받은 사람이나 칭찬을 한 사람이 불성실해 보이게 됩니다.

카네기는 '무조건 칭찬을 해야 합니다'라는 식으로 설명하고 있지만, 종교적으로 보면 그것은 피상적인 견해라고 생각됩니다. 그것은 표면만을 보고 있으며 진정한 의미에서 '사람을 움직인다', '사람을 살린다'라는 데까지는 생각이 미치지 못한다는 그런 느낌을 받았습니다.

나도 초기에 카네기와 같은 생각을 했으나 실패한 적이 있습니다.

사람을 살리기 위해서는 정말 좋은 것은 '좋다'고 칭찬하는 것이 중요합니다. 그러나 '이 사람이 실패한다'고 생각되었을 때 무턱대고 칭찬만 해서는 안 됩니다.

그때는 사실대로 직언해 줄 필요가 있습니다. 즉 그 사람이 직장에서 실수할 것 같은 때나 잘못된 점 등, 그 사람이 곤란해지는 면은 제대로 지적해 줘야만 합니다.

그리고 사람들을 좋은 방향으로 이끌어가는 지도자들도 자기 자신의 성격적 약점을 극복해야만 합니다.

정말 사람들을 사랑한다면 그 사람의 실패를 바라고만 있어서는 안 됩니다.

'이대로는 실패한다'고 생각되는 경우에는 그것을 제대로 미리 알려 주는 것도 '이끌어 가는 사랑'입니다.

칭찬받는 것은 기쁜 일입니다. 그러나 더 한층 일을 업그레이드하기 위해서는 칭찬만으로는 통하지 않습니다. 역시 실적을 쌓기 위한 엄격한 지도가 필요할 것입니다.

그것은 지혜의 관점에서 해결되어야 할 문제입니다.

살리는 사랑 속에서의 엄한 사랑으로 때로는 꾸짖지 않으면 안 될 때도 있습니다. 그리고 그것이 단순히 화를 내는 것인가, 아닌가?는 정말로 상대를 위해 생각하고 있는가, 아닌가?에 달려 있습니다. 즉 그 마음이 순수한가, 아닌가를 시험받는 일이기도 합니다.

자신의 천분에
부응하는 꽃을 피우자

나팔꽃 씨앗은 해바라기 꽃을 피울 수 없다

인간은 불자이며 부처의 자녀로서의 성질을 가지고 있습니다.

다만 불자로서의 성질을 가지고 있다는 것은 각각의 사람은 여러 가지 종류의 꽃씨이며 여러 가지 꽃을 피운다는 것입니다. 그것은 어떤 꽃도 각각 개성을 가진 훌륭한 존재다라는 뜻이며 모두가 다 똑같은 꽃을 피우는 일은 없습니다. 누구나 해바라기가 되거나 누구나 나팔꽃이 되거나 하는 것이 아니라 각각 다른 꽃을 피웁니다.

이 점은 오해하지 않도록 해야 합니다. 사람은 각각 타고난 천분은 있습니다.

왜냐하면 인생은 이번만이 아니기 때문입니다. 인간은 몇 번이나 몇십 번이나 환생하기를 수천 년, 수만 년 동안 반복하여 살아오면서 과거에 쌓아 왔던 것들이 있습니다. 그것은 혼(魂)의 경향성으로 반영되기 때문에 반드시 '제로의 상태'에서 태어나는 것은 아닙니다. 그런 점들을 어느 정도 알고 있어야 합니다.

예를 들어 과거 세상에서 사람을 지도했던 경험이 있는 사람은 그 방면에 뛰어난 면이 있습니다. 그처럼 사람에게는 많은 과거 세상이 있기 때문에 어느 정도는 타고난 능력이 있다고 할 수 있습니다.

하지만 일반 사람들은 자신의 타고난 능력을 충분하게 알지 못하기 때문에 '자신이 가진 천분은 어떤 것이 있는가?'를 매년 성장하는 과정에서 자기 점검을 하고 찾아내야 합니다.

'자신의 천분은 어떤 것이 있는가? 직장 동료들의 천분은 어떤 것이 있을까?'라는 사실을 잘 살펴보아야만 합니다.

인간의 행복은 역시 각자가 그 천분에 부응하는 꽃을 피우는데에 있습니다.

만약 당신이 '나팔꽃 종자'의 소질을 가지고 있다면 역시 홀

륭한 나팔꽃이 되어야 합니다. 빨간 나팔꽃이나 파란 나팔꽃 등 여러 가지가 있지만, 나팔꽃인 이상, 나팔꽃을 열심히 피워야 할 것입니다.

그런데 나팔꽃이 해바라기꽃을 피우려고 질투해서 고통 속에 헤매게 되는 것입니다.

해바라기는 키가 크고 꽃도 크고 눈에 띕니다. 명랑한 느낌으로 좋아 보이는 점이 많이 있습니다. 그렇다고 해서 나팔꽃이 해바라기보다 뒤떨어진다고는 할 수 없습니다.

물론 나팔꽃은 해바라기보다 키가 작고, 꽃도 작고, 순식간에 시들어 버리는 꽃입니다. 그러나 여름의 정취를 풍기는 면에서는 나팔꽃은 나팔꽃의 장점이 있고 해바라기는 해바라기의 장점이 있기 때문에 자신의 천분을 생각해 보고 '내 천분은 나팔꽃이다' 라고 생각했다면 나팔꽃으로서 힘껏 꽃을 피워내야 할 것입니다.

직업이 차이는 꽃의 종류와 같은 것입니다. 세상은 다양한 직업으로 구성되어 있습니다. 수천, 수만 종류의 직업이 존재하므로 세상은 이루어져 있는 것입니다.

모든 사람이 똑같아지는 것이 행복은 아닙니다. 역시 각각의 꽃을 피우는 곳에 행복이 있기 때문에 '내 천분은 무엇인가?'

를 발견하는 것도 인생의 수행 과제입니다.

인생을 살아가면서 점점 알게 될 것입니다.

유년기에도 어느 정도 성품이나 성격은 알 수 있습니다. '반응이 민첩한가, 느린가?'도 알 수 있습니다. 게다가 환경적인 요인도 중요해집니다.

성년이 되어 철이 들어가게 되면 완전하진 않지만 조금씩 경향성도 드러납니다. 이때부터 어떤 성격에, 어떤 능력이 있는가?를 대충 알게 됩니다. 직업적인 면으로 이어지지 않기 때문에 인생의 성공과 실패에는 반드시 영향을 끼치지는 않습니다.

서른 살 정도가 되면 직업적인 면으로 조금씩 이어지는 것이 보입니다. 이것도 아직 최종적인 면까지는 가지 않습니다.

오십 살 정도가 되면 직업적인 면에서의 성공 여부의 한계가 대체로 보입니다.

자기의 천분을 발견하고, 그것을 최고로 빛낸다

그처럼 개개인은 자신의 천분을 발견하고 그것을 최고로 빛내야 한다는 것이 불자로서 해야 할 일입니다. 다른 사람과 똑같이 살아간다는 것은 불자라고 할 수 없습니다.

불교를 전문적으로 공부한 사람도 이 점을 이해하기 어렵습니다. '누구나 부처이고 석가모니다' 라고 말하는 사람이 있습니다만, 세상에는 많은 사람들이 있습니다.

그럴수록 개개인의 천분을 발휘하는 것이 중요하다는 것을 알아야 합니다.

옛날에 선승(禪僧) 중에 '떠돌이 수행자' 라 불리며 여기저기를 어슬렁거리며 좌선을 퍼뜨린 유명한 사람이 있었는데 그 사람은 사후, 지옥에 떨어졌습니다. 딱히 나쁜 일을 한 것은 아니고, 독신으로 좌선만을 퍼뜨리는데 일생을 보낸 사람이므로 '좋은 사람이다' 라고 생각하겠지만, 이른바 무간지옥(無間地獄)에 떨어졌습니다.

왜 지옥에 떨어졌는가 하면, 잘못된 사상을 설했기 때문이었습니다.

'좌선을 한다는 것은, 이를테면 부처의 흉내를 내는 것이다. 그래서 좌선을 하면 부처가 될 것이다. 이시카와 고에몬(石川五右衛門)[7]의 흉내를 내면 도둑이 되지만, 좌선을 하여 부처의 흉내를 내면 부처가 된다. 따라 하기만 하면 그대로 될 것이다' 라

---

❼ 옛날 일본의 도적. 결국 체포되어 교토 산죠가와라에서 외아들과 함께 처형 당함

고 설한 것입니다.

좌선을 권유하면서 '앉는 자세만을 가르치고 내용이 없었다', '무엇을 위해 좌선을 하는가는 자신도 모르지만, 어쨌든 좋은 것이다. 모양만 부처의 흉내를 내면 부처가 된다. 이시카와 고에몬의 흉내를 내면 이시카와 고에몬이 된다는 것이다' 라고 했습니다.

그런데 만약 이시카와 고에몬이 부처의 흉내를 내면 어떻게 될까요? 이것은 1990년대에 실제로 있었던 일입니다(옴진리교 사건). 이시카와 고에몬(옴진리교 교주의 과거세)이 부처의 흉내를 낸다고 부처가 되는가 하면 되지 않습니다.

따라서 그런 생각은 사상적으로 잘못되었습니다. 그 사람은 그런 가르침을 퍼뜨리고 있었던 것입니다만, 좌선을 하는 경우, 이를테면 내용이 없고, 혼을 담지 않고 단지 모양을 흉내 낸다면 역시 잘못된 것입니다.

'모습만을 흉내 내면 모두가 똑같아진다' 는 생각은 잘못입니다. 예를 들어 '좌선을 하면 모두가 여래가 된다', '나무묘법연화경을 외면 누구나 부처가 된다' 는 생각은 잘못된 것입니다.

모든 사람이 똑같아지는 것이 성공이라고 생각하지 않습니다. 역시 각각의 꽃을 피워야 하고 자신의 천분을 발견하고 그것을 빛내는 것이 중요합니다.

또한 연꽃이 될 것인지 스위트피가 될 것인지는 개개인의 개성입니다. '나는 이런 꽃이다'를 알면 지금 생에서는 열심히 그 꽃을 피워야 할 것입니다.

그렇게 자신의 천분을 알고 그것을 빛내도록 열심히 노력하는 사람은 앞서 말한 바와 같이 다른 사람의 성공에 대해 질투하지 않고 축복할 수 있습니다.

하지만 다른 사람의 인생을 자신의 삶과 비교하려 한다면 거기에는 반드시 고통이 생깁니다. 지금 세상에서 그 사람이 우수한 것처럼 보이지만, 이번 생에서의 수행도 있고 과거 생에서의 수행도 있어서 여러 가지로 축적된 것이 현재로 이어졌으니 그 수면 아래 부분을 생각하지 않고, 보이는 현상과 결과만을 봐서는 안 됩니다. 그런 것을 모르고 있어서는 안 됩니다.

나는 가치관을 하나로 만드는 것이 모두를 행복하게 할 것이라고 생각하지 않습니다. 다양한 가치관이 있기 때문에 자신의 천분에 따라 각각 꽃을 피우도록 해야 한다고 생각하고 있습니다.

남을 고용하는 사람은 적재적소에 제대로 사람을 쓰고 있는지 유념하라

사람을 고용할 때는 '적재적소'가 매우 중요합니다.

즉 끌은 끌로, 대패는 대패로, 톱은 톱으로 사용하는 것이 각자가 최대 행복을 누리는 것입니다.

각각 좋은 도구지만, 그 도구의 특성을 다른 곳에 사용하면 안 됩니다. 대패를 사용해야 하는 곳에서 톱을 사용한다면 매끄러운 표면을 만들 수 없습니다. 나무의 표면을 매끄럽게 하는 것은 톱질로는 무리입니다. 또한 대패로는 홈을 팔 수 없기 때문에 끌의 역할이 있는 것입니다.

개인의 입장에서는 자신의 천분을 발견하고 그것을 키워가는 것이 중요합니다. 사람을 고용하는 사람은 적재적소에 발령되어 있는가를 잘 살펴야 모든 사람을 살리는 길이 됩니다.

가끔은 잘못 생각할 때도 있을 것입니다.

예를 들어 자신이 톱인데도 불구하고 '대패가 되고 싶다'고 바라는 사람이 있다면 '그 사람을 대패로 사용해 주지 않으면 불쌍하다'라고 생각하여 대패로 사용하는 것은 그 사람을 불행하게 하는 것입니다.

그 사람의 천분을 간파하여 '당신의 임무는 톱이다. 톱으로써 열심히 노력하라'고 하지 않으면 지혜롭지 못한 것입니다.

그 때 만약 '톱도, 끌도, 대패도 다 될 수 있습니다'라는 식으로 광명사상을 적용한다면 많은 사람들이 타락하고 실패하게 될 것입니다.

이런 부분에서는 지혜로워져야 합니다.

예전 직장 험담은
하지 않는 미학을

**환경에 불평불만만 지니고, 자기의 책임을 느끼지 않는
타입이 되지 말라**

일에 대해 많은 것을 보면서 신경 쓰이는 점이 있습니다.

현대는 유동 사회이며, 전직(轉職)도 꽤 많아지고 있습니다
만, 새로운 직장에 가서도 자신이 이전에 하던 일, 특히 이전 회
사나 직장 동료 등에 대해 너무 나쁘게 말하는 사람은 기본적으
로 좋지 않습니다. 지금까지 여러 가지로 살펴봤지만 그런 사람
은 다 잘 되지 않았습니다.

나는 많은 분야의 사람을 오랫동안 살펴봤지만 결국 그런 타

입은 자신의 책임을 아무것도 느끼지 않는 경향이 많았습니다. '주위 사람들이 나빴다', '회사가 나빴다', '동료들이 나빴다', '업계가 나빴다' 라고 생각했다면 이런 사람은 새로운 직장에서도 천국이 펼쳐지지는 않습니다.

그런 경향이 있는 사람은 생각을 뜯어 고쳐야만 합니다.

정말로 전 직장이 나빴던 경우도 있었겠지만, 그 경우에는 침묵해야 할 것입니다.

그런 사람은 대체로 새로운 직장에 가서도 자신의 의견이 받아들여지지 않으면 또 다른 곳으로 옮겨갑니다. 그리고는 이전 직장이나 동료, 업계에 대해 떠들어 댑니다.

이것은 직장뿐만이 아니라 종교에서도 마찬가지입니다.

세상에는 종교단체를 몇 군데씩 편력(遍歷)하는 사람이 있는데, 그런 사람은 새로운 종교단체에 오면 이전의 종교에 대해 실컷 험담을 하는 경향이 있습니다.

종교에 속한 사람들은 다른 종교의 험담을 들으면 기쁘기 때문에 그 사람을 받아들입니다. 전에 있던 종교에 대해 많이 험담하는 사람이 있으면 '저쪽은 나쁘고, 우리 종교는 좋다고 생각하는구나' 하고 받아들여 버립니다.

이처럼 종교는 이전의 종교를 나쁘게 말하는 사람을 귀하게 취급하는 경향이 있습니다. 특히 이전의 종교에서 높은 위치에 있던 사람이 이전의 종교에 대해 나쁜 말을 해주면 기쁘기 때문에 그 사람을 특별히 돌봐 주는 것입니다.

그런데 그 사람은 새로운 종교 기관에서 자신이 생각하는 처우를 받지 못하면 얼마 후, 다른 종교로 옮겨가고 다시 이전 종교를 나쁘게 말하고 다니는 것입니다. 이것은 그 사람의 습관이며 부족한 심성이기 때문입니다.

결혼에서도 이와 비슷한 점이 있습니다.

현대 사회에는 이혼과 재혼을 하는 사람도 많습니다만, 재혼 후에 이전 배우자에 대해 험담을 해대는 사람은 부부관계가 잘 풀리지 않을 때 또 이혼하고 험담으로 일관할 것입니다. 다른 사람이나 환경에 대해 불평불만을 늘어놓으면서 자신이 나쁘다고 생각하는 일은 없습니다. 이 유형은 조심하는 것이 좋습니다.

짧은 인연이었더라도 최선을 다해 일하는 사람이 되라

1년 또는 몇 년 정도밖에 근무하지 않을 임시 직장이라 하더라도 그곳에서 신세를 지는 동안에는 좋은 인연으로 귀한 직업을 얻고 생활의 양식을 얻고 있는 것과 같습니다.

따라서 짧은 기간이라도 '여기에 인연이 있다' 라고 생각하여 그 직장에서 열심히 근무하는 것이 중요합니다. '곧 떠날 곳' 이라도 그곳에서 일을 하는 기간 중에는 열심히 일을 해야 합니다. 그것이 그 다음의 성공으로 이어질 것입니다.

새로운 곳으로 전직했을 때 '이전 직장은 어땠습니까?' 라는 질문을 해온다면 '좋은 직장이었습니다. 상사도 훌륭했고 동료도 좋은 사람들이었습니다. 그런 곳에서 일한 보람이 컸었습니다' 라고 대답하는 지혜가 있어야 합니다.

자신의 재능을 능력껏 발휘하고 싶어 전직은 했지만 '이전 직장도 좋았고, 좋은 경험이었다. 그러나 새로운 경험을 쌓고 싶다' 라는 생각을 가진 사람의 경우에는 새로운 직장에서도 성공할 가능성이 매우 높습니다.

세상은 그런 법입니다.

나도 그런 생각을 가지고 있었습니다. 앞 장(章)에서 서술한 바와 같이 나는 행복의 과학을 시작하기 전에 직장 생활을 하면서도 '언젠가는 그만 둔다' 라고 생각했습니다. 그러나 생활을 하기 위해서는 벌이가 필요했고 일하는 방식도 공부해야 했기 때문에 '일정한 준비 기간이 필요하다' 고 생각되어 직장 생활을 계속하고 있었습니다.

'언젠가는 그만 둔다' 라고 생각했지만 '일하는 동안에는 성심성의껏 일하지 않으면 안 된다' 고 느껴서 '다른 사람보다 수십 배 열심히 일하자' 는 생각으로 근무했는데 그것을 주변에서 오해하기도 했습니다. 내가 출세주의자로 비춰져 '그렇게 빨리 출세하고 싶을까?' 라고 생각한 사람도 있었던 것 같습니다.

그러던 사람이 종교단체를 이끄는 것을 보고 아연실색한 사람도 꽤 있었습니다. 따라서 '회사를 그만두고 나서 평가가 더욱 좋아졌다' 라는 후담도 들었습니다.

'그랬었구나. 그런 일을 모르고 오해하고 있었다. 너무 일을 잘 했기 때문에 동료들보다 먼저 출세하려 한다고 생각했지만, 실은 그렇지 않았구나' 라고 나중에야 알아차린 사람도 있었습니다.

짧은 인연이라 하더라도 그 직장에서 생활의 양식을 얻고, 자신에게 수행할 장소를 주는 이상, 그곳에서 열심히 일을 하는 것은 당연합니다. 그리고 그곳을 그만 둔 후에는 그 직장에 대해 나쁘게 말하지 않는 것이 중요합니다. 이것이 인간의 미학이라고 할 수 있습니다.

인생에는 여러 가지로 수행할 수 있는 기회가 있는데 어떤 것이라도 자신에게 편리한 쪽으로만 생각하지 말고 가능한 한

봉사의 마음, 감사의 마음을 가져야 한다고 생각합니다.

이상이 일에 대해 가져야 할 정신적 태도입니다.

출세하지 못하는
시험 천재의 세 가지 타입

배려를 못 한다, 눈치가 없다, 상상력이 없다

일에서 성공하기 위해 특히 종교적으로 설명하자면 역시 '영적인 것의 영향'을 들 수 있습니다.

실제로 영적인 영향이 많이 있습니다. 나도 일의 중요한 부분은 영감에 따르는 경우가 있습니다. 따라서 독자 여러분도 종교 수행을 하고 있다면 영적인 작용이 매우 클 것이라 생각됩니다.

세상에서는 시험에 강한 수재가 출세하기 쉬운 것처럼 보이지만, 수재이면서도 출세하지 못 하는 사람도 있습니다. 그런 사람을 보면 대개 공통점이 있는데 그 중 한 가지로 배려를 못

한다는 것을 들 수 있습니다. 공부는 잘 해도 배려를 못하는 사람이 있습니다.

다음은 눈치가 없는 타입도 있습니다. 공부를 잘 하고 참고서의 내용을 기억하거나 문제집을 풀 수는 있어도 눈치가 없는 사람이 있습니다.

또한 상상력이 없다는 것을 들 수 있습니다.

'공부를 잘해서 좋은 학교 나와서 주위의 사람들로부터 기대받고 있었는데, 일을 못 한다' 는 사람이 주변에 꽤 있습니다. '세상적으로 학력이 좋다'고 평가된 사람 중 많은 사람들이 나름대로의 일을 하고 있지만 뛰어난 사람일지라도 회사 생활을 못 하는 사람들이 일정한 비율로 존재합니다.

그리고 그들의 공통점은 '배려를 못 한다', '눈치가 없다', '상상력이 없다' 는 세 가지 문제점을 내재하고 있었습니다.

공산주의 이데올로기가 강하면 초점을 벗어난 일을 하게 된다

느끼는 바가 있는 사람은 잘 생각해 보십시오.

'나는 고학력인데 왜 다른 사람에게 낮은 평가를 받는 걸까?', '옛날에 무척 뛰어났는데 왜 성공하지 못 하는가?' 라는 생각에 젖어 있다면 먼저 자신의 문제점이 무엇인지 점검해 보아야 합니다. 그런 사람은 눈치도 없거니와 사회성도 부족합니다. 그것이 인생의 걸림돌입니다.

현실과 적응이 안 되고 센스가 맞지 않는 일을 하는 사람이 있습니다. 하는 일마다 상황에도 맞지 않고 어긋나는 사람을 뜻합니다.

그런 사람 중에는 이데올로기가 매우 강한 사람이 있습니다.

예를 들어 마르크스 레닌주의를 신봉하는 사람들이 정당 활동을 할 때 그렇습니다. 전후(戰後) 자본주의가 발전하고 번영한 국가 중의 하나인 일본이라는 곳에 그 사상을 적용한다면, 항상 어긋날 것입니다. 2차 대전 후 일본이 해온 모든 일과 반대되는 결론을 낼 것입니다.

이와 같이 특정 이론을 적용해서 모든 것을 해석하려고 하는 유형의 사람들은 종종 어긋나는 경우가 있습니다.

이런 타입의 사람 중에도 우수한 사람이 더러 있습니다. 공산주의와 좌익 계통의 철학을 공부한 사람입니다. 다만 '그런 공부를 잘 한다'는 것과 '현실 세계에서 그 이론이 올바르게 적용되는가?'는 다른 문제입니다.

수재라는 소리를 듣는 사람 중에는 이렇듯 적응을 못해 전혀 쓸모없는 타입들도 있습니다.

서류 작업의 그 후를 상상하지 못하는 재무관료들

다음으로 서류 작업에 관해서는 매우 판단이 빠르고 일도 빠릅니다만 '이 사람은 왠지 부족하다' 라고 생각되는 사람은 대체로 상상력이 없습니다.

서류로는 만들 수 있어도, 예를 들어 '일을 실제로 해 보면 어떻게 되는가?', '서류에 따라 많은 사람들을 움직이고 돈을 사용한 결과 어떻게 되는가?' 를 상상할 수 없는 것입니다.

서류 작업상에서는 이렇게 하면 된다고 판단합니다만, 상상력이 없기 때문에 문서대로 실행하면 이렇게 된다는 것을 알 수 없는 것입니다.

다른 사람의 예를 들어서 미안하지만, 상상력이 없는 사람을 예를 들자면 재무부 관료층이 아주 대표적입니다.

그들은 예산 신청서 등 대량의 서류를 보고 차례차례로 판단하고 척척 처리해 냅니다. 그들은 '산처럼 쌓인 대량의 서류를 빨리 해결했다. 다양한 요구를 물리치고 어떻게든 예산 범위에 넣었다!' 라고 안도의 한숨을 내쉬고 자신들이 우수하다고 자아

도취에 젖어 버립니다.

다만 그 후, 그 일들을 어떻게 전개해 갈 것인가? 자신이 사정(査定)한 예산은 어떻게 될 것인가?에 대해 상상력이 없는 사람이 매우 많습니다. 한심한 일이지만, 사실입니다.

따라서 이것은 가끔 있는 이야기입니다만 '예산을 일률적으로 50% 삭감한다' 라는 방침이 결정되면 '그 예산으로는 교각을 절반밖에 건설할 수 없습니다' 라고 설명해도 '방침이 그러하니 예산은 전체의 절반으로 줄인다' 라고 해서 일률적으로 삭감해 버리는 일이 있습니다. 예산으로 교각이 절반만 건설된다면 어찌될까요? 이런 경우는 오히려 예산을 없애 버리는 것이 좋겠지만, 그들은 '없앨 수는 없다. 일률적으로 반을 줄이게 되었기 때문에 교각을 건설하는 예산도 반이다' 라고 생각하는 것입니다.

한편, 일본의 농업 생산액은 10조 엔도 넘고 소득도 3조 엔 전후인데 보조금을 5조 엔 이상이나 사용하고 있습니다. 이것은 상상력이 없기에 일어나는 일입니다.

생산액이 50조 엔 정도 되는 산업이라면 5조 엔을 투입해도 좋을 것입니다. 하지만 지금은 일본의 농업에 5조 엔을 쏟아 붇는 경우는, 그것은 그냥 손해 보는 일입니다. 그렇다는 것을 아무도 모르는 것 같습니다.

시험공부에서는 순간적인 판단이 요구되는 일이 많기 때문에, 시험 쪽에서 머리가 좋은 사람은 그런 판단은 가지고 있습니다. 그러나 판단 후 어떻게 될 것인가?에 대해서는 거의 배우지 않았기 때문에 거기서 차질이 생기는 것입니다.

만약 당신이 '나는 우수하다'고 생각하고 있는데 현명하게 일을 못해 늪을 헤매고 있다면 '다른 사람들에 대한 배려심이 없는 것이 아닐까?', '사회성도 부족하고 눈치가 없는 것이 아닐까?', '상상력이 없는 것이 아닐까?'를 되돌아보면 뭔가 깨달음이 있을 겁니다. 이 세 가지를 살펴보면 반드시 어느 하나에 해당될 것입니다.

대책1 자기만 생각하지 말고 주위를 관찰한다

세 가지 중 하나에 해당하는 사람은 어떻게 하면 좋을까요?

배려심이 없는 사람은 너무 자신의 일만을 생각하지 말아야 합니다. 그리고 '다른 사람들이 무슨 생각을 하고, 어떤 것에 관심을 가지고 어떻게 일을 처리하고 있는가?'에 대해 관찰해야 합니다. 외골수에 빠져 있기 때문에 배려할 수 없는 것입니다.

머리가 좋은 사람도 자기중심, 자기밖에 생각하지 않는 사람은 많이 있습니다. 자기가 말하고 싶은 것밖에 말하지 않고 '다른 사람들은 어떻게 생각하고 어떻게 반응하고 있는가? 어떤 문제점을 갖고 있는가?'에 대해서는 관심이 없기 때문에 주변 상황에 무뎌지고 모르는 것이 많습니다.

이런 타입의 사람은 자기 자신에게 열중하는 것보다는 다른 사람에게 눈을 돌릴 필요가 있습니다.

예를 들어 전철 안에서도 신문만 읽지 말고, 잠시 신문을 덮고 '지금 주위 사람은 무엇을 하고 있는가? 어떤 주간지를 읽고 있는가? 어떤 행동을 하고 있는가? 누가 자리에서 일어나려 하고 누가 앉아 있는가? 노인은 어디쯤에서 움직이는가? 아이는 무엇을 하고 있는가?' 여러 가지를 살펴보도록 합니다. 그러면 세상의 문제점들이 보이게 됩니다만 그런 관심이 없는 사람은 어쩔 도리가 없습니다.

회사 안에서도 그렇습니다. 자신의 작업에만 열중하지 마십시오. 역시 '지금 다른 사람은 어떤 전화를 하는가? 어떤 대답을 하고 있는가? 어떤 일을 하고 있는가?'에 대해 넓은 눈으로 볼 수 있어야만 합니다.

이것을 볼 수 없는 사람은 크게 성공할 수 없습니다. 주어진 업무를 달성하는 것에만 전념하고 있기 때문입니다.

대책 2 고독한 시간을 가지고 자신을 돌아본다

'감을 키운다'는 것인데, 시험공부를 통해 반드시 익힐 수 있는 것은 아니라고 봅니다. '찍기 천재형'의 천재는 별개이고, 보통의 경우는 반드시 감이 연마되지는 않습니다.

그렇다면 감을 어떻게 키우면 좋은가라고 했을 때, 역시 '고독한 시간을 보낸 적이 없는 사람에게는 감이 늘지 않는다'고 할 수 있습니다.

고독한 시간을 보낸다는 것은 자기 혼자일 때 만사를 생각하거나, 책을 읽거나 하는 것인데, 그렇게 자기 혼자만의 시간과 공간 속에서 자신의 내면세계를 바라본 적이 없는 사람은 느낄 수가 없습니다.

늘 허둥지둥하며 바쁘게 움직이지 않고서는 견딜 수 없는 사람은 소위 베타 파동인 사람입니다. 이런 사람은 감이 작용하지 않습니다.

반성과 명상은 고독한 시간을 보내기에 좋습니다. 그런 경우에 사람들과 거리를 잠시 멀리하고 자신을 돌아보는 시간을 갖는 것도 중요합니다. 그러면 감이 예리해집니다. 이것도 하나의 수행이라고 할 수 있습니다.

대책 3 일에 대해 계속 생각하면서 상상력을 단련한다

상상력인데, 이것도 소질이 없는 사람이 있습니다. 앞서 말한 베타 파동인 사람과 전적으로 똑같고, 종종거리며 여러 가지를 하지 않고서는 견딜 수 없는 사람이라면 역시 상상력이 약합니다.

감을 키우는 것과 마찬가지로 상상력을 키우기 위해서는 일정 시간 계속해서 생각해야 합니다. '이것은 어떻게 된 것인가?', '이 사람의 인생은 어떻게 될 것인가?', '이 아이는 어떻게 되어가고 있는가?' 등에 대해 많이 생각해 보아야만 합니다.

예를 들어 '이 선생님이 가르치는 아이는 어떻게 될까?' 라는 이미지를 그리면서 미래에 대해 계속 예상해 보는 것입니다.

또는 '이 학교에 가면 이 아이는 이렇게 될 것이다', '이런 성격의 사람은 은행에 들어가면 10년 후 아마도 이렇게 될 것이다. 그리고 20년 후에는 이렇게 될 것이다' 라고 이미지해 보는 것입니다.

이런 상상력은 시험 적성과는 별 관계가 없지만 세상에서 성공하기 위해서는 매우 중요한 요소들입니다.

즉 '이 사람은 이런 직업에 종사하면, 20년 후에 이렇게 된다', '이 회사에 들어가면 이렇게 된다', '이 사람과 결혼하면 이렇게 된다'라는 식으로 '20년 후에 이렇게 된다. 30년 후에 이렇게 된다'는 상상력이 작용하는가, 아닌가에 의해 인생의 성공 여부는 상당히 크게 영향을 받습니다.

이렇게 하지 못하고 찰나의 충동으로 움직이는 사람은 자주 실패합니다.

그리고 이 상상력을 단련하는 것은 생각지도 않은 효과가 있습니다.

특히 책사(策士)[8]와 군사(軍師)형의 사람은 이런 능력이 높습니다. 책사, 군사라면 상상력이 없어서는 안 됩니다.

아직 전투가 전혀 일어나지 않은 단계에서 '적들의 대장으로 이런 사람이 있고, 병사는 이 정도의 전투력으로 인원은 이 정도 있다. 여기의 지형은 이렇게 되어 있다. 그래서 언제쯤, 어떤 형태로 전투를 하면 어떻게 될 것인가?'를 상상하는 능력이 필요하기 때문에, 이들의 세계는 바로 상상력의 세계입니다.

이 능력이 약한 사람은 실제로 칼을 부딪쳐 보지 않으면 어떻게 될지 모르는 것입니다. 전투가 시작되고 한 시간 후에 자신의 군대가 패주를 시작하면 '아무래도 여기선 패할 것 같다'

❽ 왕이나 주군 아래서 기획가, 전략가, 참모 역을 하는 사람, 모사(謀士)

는 것을 알아차릴 것입니다.

하지만 상상력이 뛰어난 군사라면 싸우기 전에 대략적으로 알 것입니다. 적군의 포진과 아군의 포진, 상대의 대장과 자기 편의 대장 등을 차례차례로 살피고, 날씨, 음식, 기타 조건을 살펴보면 '전쟁을 하면 어떻게 될까?'를 싸우기 전에 알 수 있습니다.

그래서 패배할 것으로 생각되는 경우에는 도망치고, 태세를 정비하여 기회를 기다리는 편이 좋을 것이지만, 세상에는 진짜로 어렵게 싸워 보아야만 비로소 아는 사람도 많습니다.

이처럼 상상력은 세상에서 성공하기 위한 매우 큰 힘이 될 수 있으나, 사실 아무도 가르쳐 주지 않습니다. 대부분의 경우 천부적인 재능이라고 할까, 타고난 재능과 같은 것에 묻혀 있습니다.

그러나 이것도 노력하면 보이게 됩니다. 보통 사람은 그런 것들이 직장에서 성공으로 가기 위해 큰 힘이 된다는 것을 알지 못하기 때문에 노력하는 것과 아무 생각이 없는 것과는 차이는 크다고 생각합니다.

예를 들어 '일요일에 누군가를 도와 이러이러한 일을 하지 않으면 안 된다'라고 할 때, 자신의 일만을 생각하는 사람이어서는 안 됩니다.

'일요일에 그 사람이 이런 일을 할 때 무엇이 필요할까? 날씨는 어떨까? 사람은 몇 명 정도 모이는가? 어떤 장소에서 하게 되는가? 그 일의 목적은 무엇일까?'를 이미지 해가면 '무엇이 필요한가? 무엇을 해야만 하는가?' 라는 것을 알게 됩니다.

이것은 '일을 잘 하는 사람'이 되기 위한 큰 조건입니다. 이것을 모르는 사람은 당일에도 오직 자신의 직무에 관한 것만을 합니다. 그리고 '그게 아닌 게 아니냐? 저게 아닌 게 아니냐?' 라는 식으로 곤란해지는 경우도 있습니다.

합리적인
직무법의 실천을

문제나 고민을 구체적으로 메모하는 습관을 가져라

앞에서는 성공의 영적 측면에 대해 언급했습니다만, 그런 것만이 성공할 수 있는 것은 아닙니다. 물론 세상에는 과학적인 법칙이랄까, 이렇게 하면 이렇게 된다는 인과관계가 분명한 것도 많습니다.

일반적으로 일에는 그런 면이 많고, 현대적 업무는 상당한 법칙이 있습니다. 실패해야 할 것은 실패하고 성공해야 할 것은 성공하는 것입니다.

예를 들어 회사의 도산에는 합리적인 인과관계가 있어서 도산하는 곳은 도산합니다. 회사의 결산서와 사업 계획을 보면 '이대로 가면 당신의 회사는 3달 후 파산합니다' 는 것은 예측할 수 있습니다. 그 회사의 결산 자료와 자금 조달을 보면 '3달 후 이 수표는 부도나겠네요' 라고 설명할 수 있습니다.

그런데 그런 말을 들어도 도산하게 될 회사의 사장은 그렇게 될 것을 모릅니다. 상상력이 부족해서 앞날을 모르고 '뭐, 어떻게든 되겠지요' 라고 안일하게 생각하는 것입니다.

이렇듯 세상일에는 꽤 합리적으로 이룰 수 있는 면도 있습니다.

따라서 합리적으로 이룰 수 있는 것에 대해서는 최대한 그렇게 하는 것도 성공의 비결입니다.

개인적으로는 영적 직관도 중요하지만, 많은 사람들이 일하는 직장에서는 합리적으로 성공해 가는 방법도 중요합니다.

그 방법에는 몇 가지가 있는데 우선 일의 능률을 높이기 위해서는 '지금 무엇이 문제인가? 자신은 무엇을 머리 싸매고 고민하고 있는가?' 를 명확하게 파악해야만 합니다. 그것이 명확하지 않기 때문에 괴로운 것입니다.

사실 A라는 일이 문제가 되고 있었는데 B의 일로 이어지는 경우가 종종 있습니다. B는 전혀 관계가 없었는데도 A의 문제가 B에 영향을 줄 수 있습니다.

일이 풀리지 않아 고민에 빠져 있어서 꼼꼼히 머릿속으로 정리해도 정리가 안 된다면 메모해 가면서 문제점을 찾아보십시오.

'자신이 지금 무엇을 고민하고 있는가? 어디에서 막혀 있는가? 어떤 점이 해결되지 않아서 고민 속에 빠져 있는가?' 를 생각나는 대로 메모해 보십시오.

몇 개나 됩니까? 1백 개 정도 적을 수 있다면 천재입니다. 좀처럼 1백 개는 적을 수 없습니다. 많아도 이십 개나 삼십 개가 아니겠습니까? 대부분의 경우 두세 개 정도의 문제가 머릿속을 맴돌고 있을 것입니다.

따라서 먼저 자신의 고민을 떠오르는 대로 항목별로 전부 적어보는 것입니다. '더 이상 없나?' 하는 데까지 생각해서 전부 써보시기 바랍니다.

자기의 노력으로 해결할 수 있는 고민부터 차례로 해결한다

그렇게 적어 내린 문제점 중에는 현 시점에서 노력으로 해결할 수 있는 고민이 있고, 오랜 시간을 필요로 하는 문제점처럼 지금 당장 해결할 수 없는 문제도 있습니다.

따라서 시간적으로 '지금 해결할 수 있는 것'과 '그렇지 않은 것'으로 나누어 처리해야 할 것입니다.

그리고 자신의 능력으로 해결할 수 있는 것부터 지워갑니다. 문제가 많아도 스스로 행동하면 해결할 수 있는 문제는 우선적으로 해결할 일입니다.

예를 들어 남녀 문제의 고민도 마찬가지입니다. '나는 그 사람을 좋아하지만 그 사람은 나를 좋아하는지 싫어하는지 도통 알 수 없어 답답하다'라고 고민에 빠져 있습니다. 이 경우에도 결론은 세 가지밖에 없습니다.

'싫어한다', '좋아한다', '좋아하는지 싫어하는지 판단이 서지 않는다'이 세 가지 중 어떤 것이라도 인정할 각오만 되어 있으면 됩니다. 자신감이 없기 때문에 방황하고 있는 것입니다.

이 세 가지 이외의 결론은 없습니다. '좋아한다', '싫어한다', '아직 잘 모르겠다'라는 세 가지 중에 하나만 알면 되는 것입니다.

아직 잘 모르겠다라는 경우에는 협상의 여지가 있습니다.

그런데 싫다는 것이 확실하다면 협상은커녕 빠르게 포기하는 것이 시간 낭비 없는 현명한 처사입니다. 마음을 돌리고 생산적인 활동으로 옮겨갈 수 있습니다.

좋아한다는 경우에는 상대편의 액션(행동)을 기다리고 있는 것이므로 계속 고민에 빠져 괴로워하기만 하는 것도 실패합니다. 최대한 노력해서 확실하게 사로잡아야 합니다.

어느 정도 노력으로 해결이 되는 고민과 구체적인 행동으로 결론이 나는 문제는 쉬운 것부터 차례로 해결해 가는 것이 중요합니다.

이것은 업무상의 문제에서도 마찬가지입니다.

예를 들어 거래처와의 관계에서 거래처에 신용을 잃은 것이 아닐까?라고 걱정하는 것보다는 '전화를 한 통 걸어본다', '안부를 묻거나 방문해 본다', '감사 편지를 보내 본다' 등 구체적인 행동을 해 보는 것입니다. 그저 고민 속에 빠져 있기보다 행동으로 보여 주는 것이 결론이 빨리 납니다.

일이란 안 되면 안 되는 것이고, 만약의 경우를 생각해서 대책을 세워 보고 '최악이더라도 여기까지일 것이다' 라고 생각했다면 그것을 받아들일 각오를 하십시오.

이렇게 고민 중에서 노력해서 해결할 수 있는 것은 해결해 나가야 합니다.

그러나 아무래도 해결되지 않는 것도 있습니다. 장기적인 문제 같은 것은 좀처럼 해결할 수 없기 때문에 그것에 관해서는 보류합니다. 이는 어쩔 수 없습니다.

시간이 흐르다 보면 그런 고민은 해결되거나 일정한 시기가 되면 사라집니다. 고민은 초조한 마음에서 기인하는 것이 많고 시간이 흐르면 결론이 나와서 고민 자체가 사라져 버리는 일도 많습니다.

먼저 고민을 구체적으로 써보고 노력해서 해결할 수 있는 것은 해결해야 합니다. 그러나 '지금 이 일은 해결할 수 없다'는 결론이 명확하게 나온 것에 관해서는 보류할 수밖에 없습니다. 이것은 해결할 수 없다는 것이 판단되기만 해도 효과는 있는 것입니다. '내년 봄에나 결과를 알 수 있다', '10년 후에나 알 수 있다'는 문제에 대해서는 어쩔 수 없습니다.

예를 들어 '나는 어떤 죽음을 맞이할 것인가?'로 괴로워도 이는 아마 해결할 수 없는 고민일 것입니다. 이에 대해서는 죽을 때가 되지 않으면 모르는 것입니다.

또한 자기가 죽었을 때 누가 유산을 상속할지를 모르기 때문에 괴로워한다고 해도 자기가 언제 죽을지는 모릅니다. 수십 년 후, 5년 후, 혹은 내일일지도 모릅니다. 그렇기 때문에 '땅은 누구에게 주자. 예금은 누구에게 주자'라고 대략적인 것을 결정하면 더 이상은 생각해도 소용없다고 생각하고 더 이상 고민하지 마십시오. 어떻게 되겠지라고 생각하고 결론짓는 것도 중요합니다.

ABC 이론을 적용해 줄기와 가지를 나눈다

직무의 방법론으로서 'ABC 이론' 이라는 것도 있습니다.

업무가 주어지면 무엇부터 손을 대야 좋을지 모르겠다라고 종종 고민하는데, 이 방법은 먼저 자신이 맡은 일의 중요도에 따라 'A, B, C' 로 등급을 나눕니다. 그리고 중요한 것부터 순서대로 해나갑니다.

이 ABC 이론은 다음과 같이 사용할 수 있습니다.

영업이나 세일즈를 하는 사람은 여러 곳을 무조건 방문하는 경우가 많습니다. 하지만 발품을 팔아도 그다지 매출이 오르지 않는 곳이나 적자를 내는 곳을 몇 번씩이나 방문하는 것만으로는 생산성이 낮아 낭비되는 시간이 많아집니다. 자신의 일을 합리적으로 하기 위해서는 중요한 곳을 중점적으로 공략해야만 합니다.

여러 가지 일을 끌어안고 '바쁘다, 바빠' 라고 푸념만 하고 있지 말고, 회사의 전체 매출에서 차지하는 비중을 보고 거래처

중에서 점유율이 매우 큰 부분을 'A', 다음을 'B', 나머지를 'C'로 분류하여 등급별로 분류합니다. 그리고 A등급부터 차례로 공략해 갔다가 시간이 없을 때는 B등급이나 C등급의 거래처를 잘라내면 됩니다. 그렇게 해야 능률이 오릅니다.

별로 쓸모없는 일, 전체의 극히 적은 일부분의 성과밖에 내지못한 일을 위해 엄청난 시간을 허비하는 사람이 많습니다만, 일손이 많이 가는 거래처가 사실 무익한 부문인 경우도 많습니다.

따라서 때로는 ABC 이론을 사용해서 일을 준비해야 합니다. C등급부터 차례로 잘라내는 것이 필요합니다.

불필요한 일부터 차례로 잘라내서 A등급인 일을 처리해야 하는데 A등급의 일을 하지 않고 C등급의 일을 하느라 진을 빼고 있는 사람은 일반적으로 출세와 거리가 먼 타입입니다. 줄기와 가지의 차이를 모르는 것입니다.

파레토 법칙으로 중점을 짜낸다

또한 파레토 법칙9이란 것이 있습니다. 이것은 흔히 '8대 2의 법칙'이라고 하는 것인데 '중요한 것은 전체의 20%에 있다. 전체의 20%를 지배하면 전체의 80%를 지배한 것과 같은 것'이라는 생각입니다.

이 개념에 따르면, 예를 들어 '회사에 세일즈맨이 1백 명이라고 할 때 전체 매출의 80%를 올리는 것은 그 중 20명이다' 라는 것입니다. 전체의 20%의 사람들이 전체의 80%의 성과를 올리고 있다는 것이지만, 반대로 나머지 80%의 사람은 전체의 20%밖에 성과를 올리지 못하고 있다라고 할 수 있습니다.

이상한 일이지만, 우수한 인재만을 모아 집단을 만들어도 그 집단은 이렇게 됩니다. 특정 집단을 만들어도 중요한 일을 하는 사람들은 반드시 20% 정도가 되고, 나머지 80%는 그냥 그 사람들에게 봉급을 주어도 회사에 손해가 나지 않으면 된다는 수준이 되기 쉽습니다.

이 파레토 법칙은 다른 방면에서도 사용할 수 있는 이론입니다.

개인의 업무 전체 중에서 가장 중요한 일은 20% 정도입니다. 이 20%를 제압하면 일 전체의 80% 정도의 성과를 거둘 수 있습니다. 그런데 그것을 모르는 사람은 맹목적으로 여러 가지

---

❾ 일명 80:20 법칙이라고 부르는 이 이론은 전체 결과의 80%가 전체 원인의 20%에서 비롯된다는 것으로 이탈리아 경제학자 파레토(Vilfredo Pareto)가 개미의 집단행동 양태를 관찰하다가 알게 된 하나의 가설. 처음에는 소득의 불균형을 분석하기 위해 사용했으나 이후 많은 부분으로 확대되어 인용되고 있음

일에 손을 댑니다.

예를 들어 나도 일의 범위를 넓히고자 하면 얼마든지 넓힐 수 있습니다. 설법을 할 수도 있고, 결재 등의 실무를 할 수도 있습니다. 그것들을 내가 하나하나 하고 싶다면 할 수도 있습니다. 강연을 하고 싶으면 하면 되고, 세미나를 하고 싶으면 하면 됩니다.

그렇게 해도 체력이 남는다면 큰 강연장에서 강연과 세미나를 하지 않고 개개인을 상대로 설법을 해도 됩니다. 그렇지만 이런 일은 주어진 시간이 지금의 1백만 배라 하더라도 시간이 부족할 것입니다.

따라서 일의 범위는 한없이 키울 수도 있고 반대로 줄일 수도 있습니다.

그런데 이 이론을 통해서 우선 자기밖에 할 수 없는 일을 우선적으로 해 나가야 합니다. 다른 사람도 할 수 있는 일이 아니라 자기밖에 할 수 없는 20%의 중요한 일에 최대한 집중합니다. 그것을 익히면 일 전체의 80% 정도를 달성하는 것과 같습니다.

항상 그런 생각을 하고 일을 하면 아주 좋을 것입니다. 일에 따라서 20%의 중요한 부분을 지배하면 전체 80%를 달성한 것과 같다라는 것이니까 '나에게 있어 20%는 무엇인가?'를 생각해 두면 좋습니다.

이는 선거에도 적용됩니다. 선거전에서 '그저 여러 사람과 만나고 있다. 그저 막연하게 연설을 하고 있다'로는 당선될 수 없습니다. 그래서 파레토 법칙을 사용해서 자신의 선거구에서는 유권자의 수는 이 정도이다. 그 중에서 자신의 사활을 걸 20%는 어디인가?를 생각해야만 합니다.

예를 들어 지지자 중 이곳과 저곳을 공략하지 않으면 낙선한다고 생각되면 그쪽을 확실히 해야 할 것입니다. 또한 유권자들 가운데 누가 유력자인가?를 생각하고 이 사람들이 유력자이다. 이들을 잡지 않으면 안 된다라고 생각했다면 그것을 실행합니다. 선거구를 돌 때에도 전부 돌아보는 것은 어려우므로, 중요한 지구를 결정하고 그곳을 우선적으로 돌아봅니다.

이와 같이 이곳에 집중하면 대체로 잘 될 것이다는 것을 파레토 법칙에 따라 집약해 갑니다.

이처럼 범위를 집약하지 않고서 막연하게 한다면, 시간에 제약이 있는 경우, 성공하기는 어렵습니다. 집중 법칙이 작용해야만 합니다.

합리적으로 일하는 법도 생각해 보십시오.

성공 파워의
원천이란

판단력 – 옳은 판단에는 지식이나 정보, 경험이 필요

성공을 위한 힘, 성공 파워의 원천을 생각해 보면 몇 가지 정신적인 능력이 있을 것입니다.

예를 들어 판단력입니다. 이것은 생각 외로 큰 능력인데 요컨대, 'Yes인가 No인가?', '맞는가 틀리는가?', '갈까 말까?' 등을 판단하는 힘입니다.

판단이란 그 판단을 한 시점에서는 그것이 옳았는지 여부를 잘 모릅니다만, 판단이 잘못되어 잘못된 방향으로 점점 흘러간 경우에는 엄청나게 큰 마이너스가 발생합니다.

일은 전부가 플러스가 되는 것은 아닙니다. 판단을 잘못한 경우에는 일의 결과가 마이너스가 될 수도 있습니다.

판단을 잘못하면 육군이 바다 속으로 돌격할 수도 있습니다. 육군은 육지에서 싸워야만 강하지만 '바다 속을 향해 진격'이 라는 명령을 받고 병사들이 모두 첨벙첨벙 바다로 들어갔다면 구할 도리가 없습니다. 그러나 이러한 일은 실제로 일어나기 쉽 습니다.

그렇기 때문에 판단은 큰 가치를 낳습니다.

특히 판단이 항상 바르게 향하고 있다는 것이 중요합니다.

때로는 판단을 잘못할 수도 있지만, 틀렸다라고 생각했다면 솔직하게 고쳐야만 합니다.

올바른 판단을 위해서는 지식과 정보가 중요합니다. '아는 것이 힘이다'라는 것을 명심하십시오. 지식과 정보를 가지고 있지 못한 사람은 잘못된 판단을 합니다.

일기 예보에서는 '내일 비가 어느 정도 온다, 안 온다'에 대 한 예상 강우량을 말해 줍니다. 이 일기 예보를 본 사람과 보지 않은 사람은, 예를 들어 소풍계획을 세울 때에도 차이가 있을 것입니다. 날씨를 모르고 건성건성 계획을 세우면 당일에 '아 뿔싸, 음식을 많이 준비했는데, 소풍을 못 가겠구나'라는 식이 됩니다. 신중하지 않으면 실패할 수도 있습니다.

현대 사회에서는 그런 정보도 중요한 판단 기준 중의 하나입니다.

또한 경험도 중요합니다. 사람은 각자 매년 경험을 쌓아가고 있는데 그것으로 끝내는 것이 아니라 항상 고려해 둠으로써 판단력을 연마할 수 있습니다. 그 경험을 잘 갈고 닦아서 판단의 자료로 사용하는 것입니다. 이를 숙지해야 합니다.

경험은 보물입니다. 경험을 바탕으로 잘 갈고 닦아야만 합니다.

교섭력 사심 없이 투명한 정열로 끈기 있게 업무를 한다

교섭력도 중요합니다.

종교를 좋아하는 사람 중에는 사람이 한없이 좋기만 해서 교섭력이 약한 사람이 있습니다. 저자세로 나서서 상대에게 굽혀주기 때문에 항상 협상에서 밀려납니다.

그러나 나는 정말로 바른 일을 하고 있다고 생각한다면 교섭에서 밀어붙이는 힘과 끈기가 중요합니다.

만일 사심(私心)이 있어서 자신의 욕심을 위해 일을 하고 있다면 교섭은 좀처럼 잘되지 않을 것입니다. 사리사욕, 욕심을 위해 일을 하면서 교섭력이 강하다면 그 사람은 상대를 속이는 일도 있을 것입니다.

그러나 사욕이나 사심이 없는 투명한 열정을 가지고 일을 하면 교섭에서 매우 강한 힘을 발휘합니다.

역시 교섭에서는 자신의 주장을 밀어붙이며 토론에서 이겨 나가야만 합니다.

토론에 이기는 것이 정의인 경우, 즉 자신뿐만이 아니라 대국적으로 보고 인류에게 도움이 될 일을 하고 있다면, 무사(無私)의 상태에서 그 열의가 승리를 가져올 것입니다.

그런 의미에서 교섭력이 강한 것은 곤란한 일이 아닙니다. 하고 있는 일이 바른 일이라면 강해야만 합니다.

설득력 용기와 감동으로 사람은 움직인다

설득력도 중요합니다. 설득력이란 상대를 납득시키는 힘입니다.

교섭력은 밀고 당기는 부분이 있습니다만, 설득력에서는 교섭력처럼 '역량(力量) 관계에서 밀렸다', '말주변에서 밀렸다' 라는 승부만이 중요한 것이 아닙니다. 이쪽에서 말한 것을 상대가 진심으로 이해하고 감명을 받아서 긍정할 수 있도록 상대의 마음을 움직여야만 합니다. 말로 상대를 납득시키는 힘이 설득력입니다.

이 설득력도 연마할 필요가 있습니다. 설득력도 역시 갈고 닦아서 키워갈 수 있는 힘입니다. 갈고 닦음으로 커지는 힘입니다.

설득력의 근원이 되는 것은 반드시 지적(知的)인 것만은 아닙니다. 감성적인 것, 감정적인 것도 많습니다. 예를 들어 용기와 감동이 있습니다. 용기를 품은 말, 용기의 말, 그리고 상대를 감동시키는 말이 사람을 움직이는 것입니다.

인간은 단순히 이론이나 실용성만으로는 움직이지 않으며, 이해(利害)만으로도 움직이지 않는 구석이 있습니다. 따라서 상대의 감정과 심성에 호소해서 공감을 얻고, 상대를 납득시키는 기술이 필요합니다.

덧붙여서 이 설득력이 없으면 전도 또한 진전되지 않습니다.

상대를 감동시키기 위해서는 상대의 심금을 어루만져야만 합니다. 심금을 어루만지고 그것을 흔들어야만 합니다. 그것을 아십시오. 그러기 위해서는 자기 안에 있는 정서적인 면이나 우수한 면을 소중히 여겨야 합니다. 이치를 따지는 것만으로는 사람은 움직이지 않는 경우도 있으므로 정에 호소하는 면도 필요합니다.

체력, 건강을 유지하고 충분한 수면을 취한다

정신적인 여러 능력을 들어보았습니다만, 일에서 성공하기 위해서는 정신적인 힘뿐만 아니라 체력도 중요합니다.

'몸이 튼튼한가, 튼튼하지 않은가?' 는 튼튼한 몸을 타고난 사람도 있고 튼튼하지 않은 사람도 있는데 그것을 한탄해도 소용이 없습니다. 모든 사람이 올림픽 선수가 될 수는 없습니다.

자신의 천분인 일에서 성공을 거두면 됩니다. 육체적으로 보아 자기에게는 무리인 업무에 천분이 있다고는 생각되지 않습니다. 천분 중에는 자기의 체력으로 보완할 수 있는 범위 내에서 성공할 수 있는 길이 준비되어 있을 것입니다.

다만 체력도 성공 요인이므로 자신의 몸에 대해서는 잘 가꾸고 건강을 유지하는 것이 중요합니다.

큰 질병을 몇 번이나 앓는다면 큰일을 할 수 없습니다. 또한 항상 잔병치레를 하는 것도 좋지는 않습니다. 병에 걸리더라도 회복이 빠르다는 것은 좋은 현상이기는 하지만 그것보다는 병에 걸리지 않는 것이 중요합니다. 병에 걸리지 않도록 몸을 아끼고 항상 건강을 유지하는 것이 매우 중요합니다.

앞에서 서술한 영감에 관해서도 건강하지 못한 사람의 영감은 틀리기 쉬울 것입니다.

항상 잔병치레를 하는 사람은 아무래도 기가 약하거나, 골골거립니다. 허약해서 피해망상에 젖어 있는 사람에게 떠오르는 영감은 나쁜 영감이 많습니다. 그런 사람은 악령(惡靈)의 작용을 받기 쉽기 때문입니다.

그렇게 되지 않기 위해서 건강을 증진시키는 것은 중요합니다. 건강을 유지하는 것도 일의 한 부분이다라고 생각해야 합니다. '건강한 정신력을 키우기 위해서는 체력을 유지하는 것이 필요하다. 육체를 돌보지 않으면 안 된다' 라고 생각하십시오.

체력이 떨어지면 판단력이 무디어지고 교섭력도 떨어집니다. 상대를 설득하기 전에 자기가 먼저 지쳐 버립니다. 또한 '영감이 나쁘다', '잡념만 많아진다' 라는 것과 같이 전부 악순환에 빠져 들게 됩니다.

따라서 체력도 결코 소홀히 해서는 안 됩니다.

그런 의미에서 수면도 중요하고 육체의 단련도 중요합니다.

수면 부족일 때에는 나쁜 영감이 많이 나타나게 되고 수면 부족인 사람들은 긴 안목으로 보아 역시 성공할 수 없습니다.

따라서 충분한 수면을 취할 수 있도록 일의 준비와 처리를 잘 해야 합니다. 일의 준비와 처리 방식이 나쁜 사람은 수면을 취할 시간도 없게 됩니다.

행복의 과학적 직무법이
목표로 하는 것은

신앙심을 증강시키면 자력과 타력에 의해 길이 열린다

결론적으로 말하자면, 행복의 과학적인 직무법으로 성공하기 위해서는 '신앙심의 강화'가 중요합니다.

신앙심을 강화하면 매력적인 개성을 만들거나 자신의 천분을 발견할 수 있으며, 적재적소에서 삶을 터득하는 길도 열립니다. 신앙심이 강해지면 그것이 배려와 감(勘), 상상력 등의 원천이 되기도 합니다.

행복의 과학의 가르침은 합리적인 직무법도 많이 제시하고 있습니다. 이것은 응축된 지력이며 지혜입니다. 이것으로 성공할 수 있습니다. 넓은 의미에서의 신앙심에는 지혜의 힘을 믿는 마음도 들어 있기 때문에 지혜를 계속 연마하는 것도 신앙심을 강화하는 것에 포함됩니다.

또한 '판단력', '교섭력', '설득력' 등을 연마함에 따라 자기 자신의 힘으로 성공의 길을 열어갈 수 있게 됩니다. 신앙심을 강화하는 가운데, 자신의 힘에 의해 길이 열리는 것입니다.

그리고 그 길이 커지면 커질수록 천상계로부터의 지원도 강력하게 내려옵니다. 그 사람이 본래의 자신이 해야만 하는 일에 종사하지 않을 때는 천상계에서도 응원해 줄 방법이 없지만 그 사람이 본래의 자신이 해야만 하는 일에 종사하면, 드디어 '기다리고 있었습니다' 라는 식으로 수호령과 지도령도 일을 시작하는 것입니다.

유치원생에게 넘어지지 말라고 지도해도 별 도움이 되지 않는 것처럼, 아직 그 단계까지 가지 못한 상태일 때는 천상계에서도 지도를 할 방법이 없습니다. 그런 경우에는 큰 지도는 받지 못하지만 본래의 자신이 해야만 하는 일에 종사하면 그 나름의 지도가 내려옵니다.

그러므로 먼저 자기의 길을 넓게 하고, 길게 하고, 강하게 해서 나아가는 것이 중요합니다. 거기에 큰 타력도 힘을 더해 주게 됩니다.

신불의 마음에 들어맞는 직무의 실현으로 유토피아 건설이 진행된다

여기까지 직무론으로서의 '행복의 과학적인 직무법'을 서술했습니다.

이 행복의 과학적 직무법은 이 세상적인 방법론으로서의 성공에 그치지 않고, 성공해 가는 도정 속에서, 실은 유토피아 건설을 목표로 하고 있다'는 것을 알아야만 합니다.

개개인이 정말로 신불(信佛)의 마음에 들어맞는 일을 실현함으로써, 실은 그만큼 매일매일 한 삽씩 유토피아가 퍼지고 그 건설이 진행되고 있는 것입니다.

신불의 마음에 들어맞는 방향으로는 일을 할 수 없다는 것은 어떤 의미에서는 유토피아 건설을 방해하고 있습니다. 퇴보하고 유토피아를 파괴하고 있는 것입니다.

일을 잘 한다는 것은 중요합니다. 그것은 결코 이 세상적인 것만은 아닙니다. 올바른 방향으로 향하고 있다면, 유토피아 건설에서 엄청나게 큰 힘이 됩니다.

따라서 좋은 일을 해야만 합니다. 마음을 담아 세심하게 주의를 기울여 확실하게 한 걸음, 한 걸음 나아가며 좋은 일을 달성하는 것이 중요합니다.

제4장

여성을 위한 경영 입문

여성을 위한 경영입문

경영 이론이 가득한
《사장학 입문》

경영자나 경영자를 꿈꾸는 사람들을 위해 2008년 《경영 입문》을 간행하고 그 다음 해에 이어서 《사장학 입문》을 출간했습니다(모두 행복의 과학 출판 간행). 또 《사장학 입문》 제3장의 '사장학 입문'에 대해서는 법화를 수록한 'DVD · CD 세트' (종교법인 행복의 과학 간행)도 함께 발간했습니다.

이 《사장학 입문》이라는 책은 가격이 1만 엔 정도 하기 때문에 비싸다고 느끼는 사람도 있을 것입니다. 그러나 이 책의 내용은 행복의 과학 신자로서 회사를 경영하는 경영자들이 수강했던 경영 연수의 정수(精髓)에 해당되는 부분입니다. 따라서 이 내용을 배워서 자신의 회사에서 수천만, 수억, 혹은 수십 억 단위의 이익이 생기면 '싸다' 는 생각도 가질 수 있습니다. 그것은 각자가 생각하기 나름이겠지요.

보통 책보다 가격은 비싸지만 경영자를 위한 책이므로 일반 서적과는 차이를 두기 위해 가격을 높게 책정한 것입니다.

내용은 경영 이론으로 가득 차 있어 경영학을 상당히 공부한 사람이 읽어도 '이렇게 많이 다루고 있다니' 라고 느낄 정도로 여러 가지 수법이 담겨 있습니다.

이것은 프로 경영자가 보아도 상당히 완성도가 높은 책입니다. 사업 자체는 살아 있는 생물과 같은 것인데 스캔해서 정지된 상태에서 보는 것처럼 이론화, 체계화 한다는 것은 매우 어렵습니다.

이렇듯 경영이란 자체는 매우 어려운 것이지만, 이 장에서는 《사장학 입문》의 지침서로서 '여성을 위한 경영 입문' 이라는 제목을 붙여 보았습니다.

다만 이 제목은 하나의 방편이며, 내용은 실제로 남성 경영 입문으로서도 적합합니다. 대부분의 남성은 경영에 관한 이야기를 해도 어려우니까 '여성을 위한 이야기다' 라고 말하면서 남성에게도 서론으로써 입문적인 내용을 말하고 싶었던 것입니다.

물론 《사장학 입문》에는 여성 중에서도 특히 '관리자, 경영진, 이사진으로서, 혹은 사장으로서 활약하고 싶다'고 바라는 사람에게 도움이 되는 내용이 포함되어 있다고 봅니다.

솔직히 말하자면 《사장학 입문》 한 권에는 영세기업을 중소기업에서 대기업으로 발전시켜 가는 방법을 거의 망라하고 있습니다. 다음은 그 방법을 업종의 차이에 따라 제각기 구체화해가면 될 것입니다.

서론으로서의
경영 입문

경영은 인간학과 채산학

먼저 이 장은 '여성을 위한 경영 입문'이라는 주제이므로 우선 여성이 이해하기 어렵다고 생각하고 있는 것과 참고해야 할 것을 가능한 한 간단하게 설명해 보고 싶습니다.

'경영이란 무엇인가?'라고 하면, 기본적으로 '인간학(人間學)'이며 '채산학(採算學)'입니다. 명확하게 설명하자면 이 두 가지이며 '사람을 어떻게 보고, 어떻게 사용하는가?'와 '수지, 즉 수입과 지출을 어떻게 균형 잡아 소득을 늘려 가는가?'가 전부라고도 할 수 있습니다. 그런 다음에 가능한 많은 사원(社員)을 길러

갈 수 있도록, 사업을 발전하는 방향으로 이끌어 가면 됩니다.

경영은 집약해서 생각하면 결국 '인물학(人物學)'과 '채산학' 이며, 그것은 어떤 의미에서 '금전 철학', '장사 철학'과 같은 것이라고 생각해도 좋을 것입니다. 결론적으로 이 두 가지에 집중할 것입니다.

즉 여성 경영자가 되고 싶다면, 간단히 말해서 먼저 사람을 잘 써야만 합니다. 사람을 잘 쓰지 못하면 경영자가 되는 것은 무리입니다.

그러나 여성이 여성스럽게 하면서 사람을 부릴 수 있는 타입이 되기는 매우 힘든 실정입니다. 사람을 부릴 수 없는 것처럼 보이는 타입이 여성스러워 보이는 경우가 많기 때문에 여기에 일종의 난관의 벽이 있습니다.

엄청나게 억척스러워 보이고 성격이 깐깐한 여성을 보면 남성도 물러나 버리는 일이 있습니다. 또 그러한 타입의 여성 관리자와 여성 점장(店長)은 여성 동료끼리도 '싫다'고 하는 경우가 많습니다. 즉 '그 사람은 너무 깐깐하고 억지가 심하다. 너무 거침없이 말한다' 혹은 '아무 데나 서슴없이 밀고 들어온다' 라고 간주되는 것입니다. 그런 의미에서 미움을 받는 일이 많습니다. 역시 만사에는 이질적인 양면이 있습니다.

그러나 사람을 쓸 수 있으려면 결국 인간학에 통달해야 합니다. 즉 '인간 통'이어야만 합니다. 다양한 인간의 유형을 알고 있는 것이 중요합니다.

물론 인간의 유형을 분류하기도 어렵지만, 적어도 이런 타입의 사람에 대해서는 이렇게 하면 좋아한다. 이렇게 하면 싫어한다는 것을 알고 있어야 합니다.

자기중심적이 아닌 상대의 입장에서 일을 생각한다

한 사람의 사업가로서 일을 할 수 없다면 경영자가 될 수 없습니다. 가장 근본적인 것은 '일을 잘 한다'는 것입니다. 우선 이것이 매우 중요합니다.

그렇다면 일을 잘 하는 사람이 되기 위해서는 어떻게 해야 할까요? 기본적으로는 자기중심적인 관점 이외에 '만사를 보는 견해, 관점'을 가질 수 있는가가 큰 요점입니다.

인간은 아무래도 자기중심적으로 만사를 생각하는 버릇이 있는데, 특히 자아(自我)가 강한 여성이 되면 그 자기중심적 관점을 절대 떼어내지 못하게 됩니다.

자기중심적 관점이 고객의 수요에 딱 맞으면 나름대로 성공할 수 있습니다. 그러나 실제로 다양한 고객이 있기 때문에 자기중심적으로 만사를 생각하고, 그냥 '나는 이것이 좋다고 생각한다'고 말한다면 상대에게는 통하지 않는 일도 많습니다.

예를 들어 지금 내가 법화를 할 때 그것을 정중앙에서 비디오카메라로 찍고 있다고 합시다. 이 경우 자기중심이라는 것은 그 정중앙의 비디오카메라를 그대로 두고 움직이지 않는 것입니다. 즉 '이 각도가 가장 잘 찍힌다'는 장소에 비디오카메라를 두고 일체 움직이지 않는 것입니다. 그렇지만 그럴 경우 내가 위치를 바꾸면 내 모습은 찍히지 않습니다.

이렇듯 고객은 그때의 상황과 주머니 사정에 따라 변화하는 생물입니다. 따라서 자신은 '이것이 가장 좋다', '우리 회사의 제품 중에서는 이것이 좋다'고 생각해도 그 상품이 반드시 상대에게 맞는 것은 아닙니다.

오히려 변화하는 상대의 마음을 읽고 '그 사람에게는 이것이 가장 좋다'고 생각하는 것을 권하는 편이 좋습니다.

또한 자기 회사의 이익 면에서 본다면 비싼 것이 많이 팔리는 편이 좋을 것입니다. 그러나 비싼 것이 어울리는 사람도 있는가 하면 어울리지 않는 사람도 있습니다. 또한 큰 것이 어울리는 사람도 있고, 작은 것이 어울리는 사람도 있습니다. 혹은

그 사람의 취미나 기호 등도 있습니다.

따라서 기본적으로 상대의 입장에서 만사를 생각할 수 있다는 것이 남녀를 불문하고, 일을 잘 할 수 있는 원점 중의 하나입니다.

경영을 성립시키는 세 종류의 직무란

여기서 말하는 일은 소위 경영을 성립시키는 것입니다. 이를 분류하면 크게 세 가지 정도가 있습니다.

첫째, 판매 계통의 일입니다. 이것은 세간에서 '영업', '세일즈', '마케팅' 등으로 말해지는 일이며, '어떻게 물건을 판매할 것인가? 매출 증대를 일으킬 것인가?' 라는 관점에서 만사에 대한 사고방식이 필요합니다. 먼저 이런 판매 계통의 일이 있습니다.

둘째, 제조 계통 즉 '상품을 제조한다' 는 일입니다. 이것은 상품을 만들거나 소프트웨어를 개발하는 것과 같은 상품 개발 계통의 일이며, 물론 그 속에는 연구적인 부문도 포함됩니다. 이런 연구 개발과 제조 부문이 하나 있습니다.

셋째, 관리 부문의 일입니다. 이 속에는 이른바 일반 사무를 비롯하여 재무, 회계, 인사, 총무 등의 일이 있습니다.

이렇게 일은 크게 보아서 대체로 세 가지입니다.

중소기업이나 영세기업에서는 대부분의 경우 '뭔가 새로운 제품, 새로운 상품을 개발하여 그것이 성공했다' 는 실적이 없으면 애당초 회사가 성립되지 않습니다. 따라서 그런 업계의 사장은 상품 개발을 잘했던 사람이 비교적 많습니다. 또한 그렇지 않은 경우에는 역시 영업력이 뛰어나 언제나 '판매왕' 이 되었던 사람이 사장이 되기 쉽다고 할 수 있습니다.

그런데 회사가 일정 규모 이상으로 커져서 대기업 형태로 변하면, 이번에는 앞서 서술한 소위 간접 부문, 관리 부문의 인재가 최고위층으로 올라오기 시작합니다. 회사가 커지게 되면 전체의 업무가 보이거나, 재무나 회계 부문에서 돈의 흐름이 보이거나, 인사에 뛰어나거나, 업무 전체를 어떻게 구성해 가면 좋은지 알 수 있다거나, 조직을 만들 수 있는 타입의 사람의 중요성이 점점 커져가는 것입니다.

예를 들어 세일즈맨으로서 우수한 사람이라 하더라도 영업사원이 많아지면 다른 사람과 크게 실적의 차이를 내기가 좀처럼 어려워집니다. 회사의 규모가 작으면 많은 실적이 두드러지지만 회사가 성장해지면 영업 실적이 잘 나타나질 않습니다.

또한 회사가 작으면 새로운 상품 개발도 약간의 아이디어와

착상만으로 성공할 수 있지만, 대기업에서는 많은 사람들이 연구 개발에 매진하게 되므로 개인의 역량으로는 일이 표가 나지 않습니다.

따라서 기업이 커질수록 많은 사람들을 잘 융합해서 좋은 성과를 내는 방향으로 힘을 발휘해야만 합니다.

회사에 있어서 회계와 재무 기능의 중요성

이처럼 회사의 일은 기본적으로 '영업, 판매 계통의 일', '상품 개발 및 제조 계통의 일', '관리 부문, 간접 부문 계통의 일'이 있습니다. 이 세 가지의 균형을 잘 유지하면서 발전해 나가야만 경영은 커질 수 있습니다.

예를 들어 아무리 좋은 상품으로 아이디어를 내서 개발한다고 해도 돈이 없으면 그것을 홍보할 수도 없고 사람을 고용해서 판매할 수도 없습니다. 역시 세일즈 부대가 없다면 그것을 세일 할 수 없습니다.

그리고 세일즈 부대도 우수한 인재들이고, 상품이 우수하다고 해도 역시 자금 부문에서 제대로 일을 할 수 있는 사람이 없으면 회사는 기우뚱거립니다.

특히 재무는 기본적으로 현금이 나가고 들어오는 것이기에 신중하지 않으면 안 됩니다. 대부분 금융 기관에서 돈을 빌리게 되고 빌린 부분을 잘 해결해 나가면서 그 이상의 수익을 올릴 수 있다면 회사는 건재합니다.

따라서 금융 기관에서 차입한 경우, 원금을 5년 내지 수십 년에 걸쳐 매월 상환하면서 거기에 따른 이자를 내야 하는데 그 상환 금액을 초과하는 수입을 낼 수 있는지가 중요합니다.

그 외에도 급여 등의 인건비, 제조 비용, 구매 비용, 상품매입 비용 등 기타 비용이 듭니다. 즉 부채에 의한 이자 지급, 원금 상환 이외에 물건을 구입하는데 쓸 자금이나 월급을 지불할 자금 등이 필요합니다.

회사가 작을 때는 금전 출납 담당인 경리로 해결할 수 있지만 회사가 성장해진 경우에는 재무라는 전문적인 담당자가 필요해집니다.

전문적인 재무 업무는 인체에 비유하면 혈액이라고 볼 수 있습니다. 즉 돈이라는 혈액이 잘 순환하고 있는지를 살펴봐야 할 것입니다. 심장에서 나온 혈액이 동맥을 지나 정맥을 통해서 다시 심장으로 돌아오는 것처럼, 자금의 흐름이 잘 되고 있는지를 살펴야 회사라는 몸이 원활하게 활동합니다.

여성이 경영자가 되기 위해 요구되는 능력

히트 칠 것인가 아닌가?

여성이 경영자가 되기 위해서는 먼저 뭔가 한 가지 특징적인 능력을 가지고 있어야 합니다. 그렇지 않으면 경영자가 되기에는 무리입니다. 두드러진 것, 우수한 것, 모든 사람들이 '정말 우수한데'라고 느끼지 않는다면 경쟁을 헤치고 관리직으로 올라설 수 없습니다.

특히 여기서 전하고자 하는 메시지는 '전체적으로 감성적인 것, 감각적인 것이 상당히 우수한 회사가 살아남는다'는 것입니다.

살아남는 회사는 거의가 일을 이성적, 지적으로만 생각해서 성공하고 있다고는 생각하지 않습니다. '감성과 감각을 가지고 히트 칠 것을 안다' 는 것이 상당히 크게 작용하고 있는 것입니다.

그래서 '이것이 히트 칠 것인가?', '이것은 어느 정도 사람들의 눈에 띄어서 종합적으로 어떤 판단을 받을까?' 하는 것입니다. 이런 감각을 지니는 것이 상당히 중요합니다. 이런 능력에 관해서는 어떤 의미에서 남성보다 여성이 우수한 면이 있고, 단련해 갈 수도 있습니다.

'내 친구가 뭐라고 말하는가?' 에서 그치는 것이 아니라 '이것을 많은 사람들이 사용하면 어떻게 느낄까?' 혹은 '타깃 연령층, 구매층인 사람들은 어떻게 보는가?' 를 알 수 있는 안목을 가진 사람은 희소가치가 있는 매우 중요한 존재입니다. 이런 사람들이야말로 지금 거의 모든 직종에 있어서 필요한 존재입니다.

예를 들어 텔레비전 방송국에서는 우수한 재능을 가진 디렉터나 캐스터라면 방송 도중에 지금 시청률이 어느 정도 나오고 있다는 것을 감으로 안다고 합니다.

마치 영능력(靈能力)과 같습니다만, 스튜디오 안에서 아마 지금은 몇 프로 정도일 것이다라고 느낌으로 예측할 수 있는 것은 자기 분야를 분석하고 집중하고 있기 때문일 것입니다.

그런 열의가 있다면, 예를 들어 회사에서 개발한 상품을 판매할 때에도 '이 상품은 왜 팔리는가? 혹은 왜 반품이 되는가?'를 파악할 수 있게 될 것입니다.

영적인 수행은 의외로 일이나 경영에 효과를 나타내는 일이 있습니다.

감성의 부분은 인간의 내면에 있는 것입니다. 전국에서 여러 형태의 샘플링 등의 조사를 하면 일정한 패턴이 나옵니다. 즉 수백 명, 1천 명, 2천 명의 조사에서 나온 경향은 수천 명에 대해서도 역시 똑같이 적용됩니다. 샘플에 따라 어느 정도 오차는 있겠지만 일정한 집단에서 나온 경향은 전체적으로도 나타나는 일이 있습니다.

따라서 '타깃의 샘플을 어떻게 느끼는가?'를 집합적으로 파악하는 재능을 갖는 것이 중요합니다. 이런 재능이 있다면 사람들의 마음도 어느 정도 알게 됩니다.

천동설이 아닌 지동설을 유념한다

그때 필요한 마음가짐은 무엇일까요?

먼저 흔히 말하는 것이 '지동설 천동설'의 비유입니다. 지동설은 지구가 태양 주위를 돌고 있다는 설이며, 천동설은 태양이 지구 주위를 돌고 있다는 설입니다. 그리고 경영에 실패하여 자멸해 가는 경영자의 대부분은 후자의 천동설 유형입니다.

자만(自慢)하고 우쭐대는 기질을 가진 사장도 많습니다. 물론 일정한 지위에 있으면 과거의 능력은 인정합니다. 다만 시대가 변화하여 사람들이 바라는 것이 달라졌을 때 그 흐름을 읽어내지 못하여 언제까지나 '우리 회사는 이렇게 하고 있으면 된다' 라고 단언하면서 절대로 자신의 생각을 바꾸지 않는 사람은 비교적 많습니다. 이것이 천동설 형의 사람입니다.

이렇게 우리 회사가 세계의 중심이고, 세계는 우리 회사를 중심으로 빙글빙글 돌아가고 있다라고 생각하는, 이른바 완고하고 독단적인 사장이 경영하는 회사는 기울어가는 시대에 들어섰다고 봅니다.

항상 세상의 흐름과 동향, 고객 취향의 변화 등을 파악하는 것이 중요합니다. '우리 회사 제품은 우리나라에서 제일이다' 라고 자랑하기만 해서는 안 됩니다.

유행시키기 위한 장치가 필요하다

이러한 변화에 맞는 것을 생각해 내는 사람은 위대하다고 봅니다.

요즘 여성 의류 중에 레깅스라는 것이 있습니다.

스타킹보다 두꺼운 소재이기는 하지만, 옛날이라면 속옷으로 분류되어야 할 것 같은 것을, 여성들은 치마 밑에 입고 아무렇지도 않게 바깥을 걸어 다니고 있습니다. 그 모습을 시골 사람이 보면 무심코 '속옷이 보인다'라고 지적할 것 같은 차림인데, 그 모양새가 꽤 유행하고 있습니다. 그렇다는 것은 현실적으로 수요가 있다는 것입니다.

아마도 레깅스를 유행시킨 사람은 '많은 여성들이 냉한 체질로 고민하고 있다. 스커트를 입고 싶지만, 그러면 몸이 냉해지기 때문에 뭔가 치마 밑에 입고 싶어할 것이다. 그러나 지금은 아무도 그런 것을 입지 않기 때문에 입기가 부끄러운 거겠지. 그러면 어떻게 하면 좋을까? 스커트 밑에 뭔가 입을 수 있는 것을 유행시킨다면 아무도 부끄러워하지 않겠지?' 라고 생각했겠지요.

이처럼 레깅스를 유행시켜서 모두 레깅스를 입기 시작하면 부끄럽지 않을 것입니다. 하지만 유행하지 않으면 레깅스를 입는 사람은 부끄러워할 것이고 여성들은 여성들만의 추위 때문에 고생해야 할 것입니다.

아마도 남성들은 처음 레깅스를 봤을 때 충격을 받았을 것입니다. 그러나 레깅스를 입는 여성들을 몇몇 보게 되면서 이런 게 유행하고 있구나라고 생각하게 되고, 적응되어 거부감이 들지 않게 됩니다.

이렇게 '이것이 유행하는가, 하지 않는가?'를 간파하는 능력뿐만 아니라, 유행시킬 수 있다면 그 사람은 위대한 경영자라고 할 수 있습니다.

'올해의 유행은 이것입니다'라는 식으로 점점 적응되어 갑니다. 올해의 유행이 그것이어야 할 특별한 이유는 없습니다. 어딘가에 정보를 흘리는 유력한 프로듀서 또는 상품 구매자가 반드시 있을 것입니다. 그 사람이 장치를 해서 일정 이상의 성과를 거두면 다른 곳에서 흉내를 내기 시작하므로 그것이 유행의 시작이 됩니다.

역시 장치는 중요하다고 봅니다.

선견지명이 이니시어티브 이익을 낳는다

매년 연말이 되면 저서로서 '법 시리즈'를 내고 있습니다. 예를 들어 2009년에는 《창조의 법》, 2010년에는 《구세의 법》을 발간했습니다. 2011년 2월에는 《교육의 법》(모두 행복 과학 출판 간행)도 긴급 발간했습니다.

세상의 트렌드를 잘 모르는 회사 중에서는, 나의 법 시리즈가 발간되면 '내년에는 이것이 유행하겠구나'라는 식으로 뒤따라 준비해서 흉내를 내는 일이 있었습니다.

즉 책 제목에 사용하는 '○○법'의 ○○ 부분을 키워드로 사용해서 자기네 물건을 유행시키려고 하는 것입니다. 그것을 출판물에 사용하기도 하고 출판물이 아닌 것에 사용하기도 합니다.

연초가 되면 '올해는 ○○가 유행'이라고 말하는 사람이 많이 등장합니다만 내가 '법 시리즈'로 무엇을 발간했는지를 보고 발신하는 사람도 꽤 많아지고 있습니다. 역시 시대의 장치를 하는 사람은 있기 마련입니다.

이러한 유행을 퍼뜨리는 사람이 되기 위해서는 앞에서 서술했듯이 지동설의 입장을 취해야 합니다. 자신을 중심으로 주변이 움직인다고 생각하지 말고 내 쪽이 공전하고 있다는 것을 알아야 합니다.

그러기 위해서는 '지금 세상이 요구하는 것', '앞으로 추구될 것이라 생각되는 것', '세상은 이렇게 변해갈 것이라고 생각되는 것'을 항상 바라보는 습관을 몸에 익히는 것이 중요합니다. 그것을 '예견력'이라고 불러도 좋고 '선견지명'이라고 불러도 좋은데, 이런 일을 다른 사람보다 빨리 아는 사람은 직장에서 트렌드를 잡아 성공할 수 있습니다.

많은 사람들이 몰려들어 유행을 따라가기 시작할 때는 이미 늦은 경우가 많습니다. 가장 뛰어난 사람은 그것이 유행하기 전에 깨닫고 사람들이 따라오기 시작할 무렵에는 그 흐름에서 벗어나 그 다음 연구를 시작하고 있습니다. 그것이 이상적인 스타일입니다.

사람들이 다 달려들고 나서 나중에 참가하면 새로운 상품 등을 여러 가지로 만들어도 결국 재고나 반품이 산더미처럼 쌓이게 되는 경우가 있습니다.

물론 후발 주자로 성공하는 방식도 있겠지만, 세상에 이미 유행한 것을 확인하고 뛰어들면 그것으로 얻을 수 있는 '이니시어티브 이익(주도적인 이익)'의 면은 작습니다.

역시 지금부터 유행을 만들어 내는 것이 중요합니다. 아직 유행하지 않는 것을 유행시킴으로써 매출이 늘고 이익이 증가하여 회사는 급속히 커져 갑니다.

'유행하기 전에 재빨리 감지하고 그것을 유행시킨다. 그리고 모두가 따라 하기 시작할 때는 재빨리 거기서 벗어나 다음 트렌드를 찾는다'는 게 좋을 것입니다.

샤넬이 보여 주는 브랜드 확립을 위한 전략

'하나의 스타일을 지켜간다'는 방법도 있습니다.

예를 들자면 샤넬이 그렇습니다. 몇 년 전, 코코 샤넬의 생애를 그린 영화가 있었는데, 그녀가 일으킨 샤넬은 수십 년 동안 계속 같은 패턴을 쓰고 있습니다. 격자무늬로 테두리를 두르는 트위드 스타일을 끝까지 지키며 바꾸지 않습니다. 그 고집이 경영 안정으로 이어져 있습니다. 누가 봐도 '이건 샤넬이다'라고 금방 알면 그것이 브랜드가 되어 일정한 가치를 낳습니다.

샤넬을 모방한 옷들도 많이 나와 있는데 가격을 보면 샤넬의 10분의 1정도입니다. 그런데 진짜 샤넬은 수백만 원의 가격이 책정되어 있습니다.

모양뿐만이 아니라 옷의 원단도 이중, 삼중으로 복잡하게 짜

넣은 고급 제품을 사용하고 있기 때문에 자세히 살펴보면 진짜와 유사품의 차이는 분명히 알 수 있습니다.

얼핏 봐서는 구분이 안 가지만 디테일한 부분을 살펴보면 이래서 비싸구나라고 금방 느끼게 되는 부분이 있습니다.

이처럼 패턴을 바꾸지 않고 브랜드를 확립한다는 것도 한 가지 전략입니다. 장기적으로 잘 팔리는 상품(롱 셀러)을 만든다는 고집도 경영 성공법의 하나이며 대기업이 되는 회사는 어딘가 그런 롱 셀러를 만들어 내는 부분이 있습니다.

롱 셀러를 만들기까지는 시행착오가 많이 있을 것입니다. 그러나 여러 가지 시행착오를 겪으면서 그 중에서 롱 셀러를 만들 수 있다면 그것은 하나의 발명이며, 그것을 만든 사람은 리더로서 이니시어티브(주도권)을 쥘 수 있습니다.

참고로 내가 초등학생 시절 그림을 그릴 때 테두리를 그려 넣으면 어쩐지 잘 그린 그림처럼 보였던 경험이 있습니다. 크레용으로 그림을 그려도, 수채화를 그려도, 테두리가 있으면 그림이 참 좋았습니다. 샤넬의 원점은 기본적으로는 거기에 있다고 생각됩니다.

샤넬과 대조적으로 해마다 여러 가지 타입의 디자인을 계속 내는 브랜드도 있습니다.

다이앤 본 퍼스텐버그[10]가 그렇습니다. 연이어 신상품을 내고 있습니다. 창업자인 디자이너는 아직 건재하며 지금 65살 정도입니다. 몇 년 전 일본에 왔습니다만 '해마다 어떻게 다른 디자인이 창조되지?' 라고 감탄할 정도로 다양한 종류의 것들을 내놓고 있습니다.

예를 들어 '처음 보았을 때는 섹시하고 키가 크고 날씬한 여성밖에 소화하지 못할 것처럼 보이는데, 다양한 체형의 여성이 입을 수 있으며, 실제로 입어 보면 체형에 구애받지 않는다' 라는 특이한 상품(랩 드레스)이 있습니다. 그것을 중심으로 매년 새로운 종류의 상품을 보여 주는 것입니다.

이것은 샤넬과 정반대적인 생각이지만, 차례로 새로운 것들을 계속 만들어 내는 것은 상당히 창조성이 높지 않으면 어려울 것입니다. 옷의 경우, 상품의 수명이 짧기 때문에 제조비용은 꽤 높습니다. 따라서 '어느 정도 수량에 제한을 두고 비싸게 팔지 않으면 원가를 건질 수 없다' 는 식으로 될 것이라고 봅니다.

---

[10] DVF의 창시자이자 메인 디자이너 Diane Von Furstenderg. 1972년에 패션계에 입문하여 2년 후 그녀를 스타 디자이너로 발돋움하게 만든 'DVF 랩 원피스' 를 만들었음

염가 판매인가, 고부가가치 전략인가

여성을 공략하기 위해 자주 사용하는 '한정 상품'이 있습니다. 여성들은 '한정품입니다'라는 말을 들으면 조금 비싸더라도 재빨리 구입하는 경우가 많습니다. 인간의 심리는 한정품입니다라는 말을 들으면 '가격을 매길 수 없는 상품일지도 몰라'라고 여기며 심리적으로 조급해지면서 꼭 사야만 직성이 풀리기 때문에 먹혀 들어가는 전략입니다.

지금 일본뿐만 아니라 전 세계적으로 불경기이므로 파격적으로 싸게 파는 상품이 인기가 많습니다.

유니크로와 다이코쿠텐 물산(大黑天物産)처럼 저렴한 상품을 전략적으로 내 놓는 곳이 상당히 성장하고 있습니다.

다만 싸게 판매하는 것도 경쟁이 되어 최후에는 '체력 승부', '먹느냐, 먹히느냐?'입니다. 망하기 전에 체력을 보강할 수 없다면 위험합니다.

이에 대항하는 또 다른 전략은 '고부가가치 전략'입니다. 즉 '다른 곳에는 없다', '우리밖에 없다'는 것을 만들어 이 부분을 특히 정교하게 만들었기 때문에 비싸다라며 아주 고가의 판매 전략을 세우는 것입니다.

지금 같은 불황기에는 이렇게 두 가지로 싸우는 방법밖에 없습니다. 이 중 하나를 취하지 않으면 현실적으로 거의 살아남을 수 없습니다.

고부가가치 전략 중의 하나로 한정품으로 가격을 비싸게 해서 팔 수도 있을 것입니다.

예를 들어 일반 상점에서는 30만 원 정도에 판매되는 스타일의 시계가 그 가게에서 사면 수천만 원이라든지, 수억 원 정도 하는 경우도 있습니다. '한정품입니다. 세계에서 3개밖에 없습니다' 라고 말하면 그것을 찾는 고객이 일정한 비율로 있는 것입니다.

30만 원짜리 시계로 1억 원의 매출을 올리기 위해서는 3백 개 이상 팔아야만 합니다. 3백 개의 시계를 파는 것은 힘들지만 1억 원짜리는 하나만 팔면 되는 것입니다.

홍보 전략을 잘 세우면 특별한 손님이 몇 명은 찾아올 테니 그때는 서슴없이 비싸게 물건을 파는 것입니다. 그것이 가능하면 높은 수입을 얻을 수 있습니다.

긴자의 유흥업 종사자가 말하는 손님의 수준을 간파하는 법

'손님의 수준을 간파한다' 는 것이 매우 중요합니다. 접객업의 여성들은 여성 특유의 육감 경영을 하기에 손님의 수준을 읽어 내서 '상대가 어느 정도 지위에 있는 사람이고 어느 정도의 수입이 있는가?' 또는 '지갑 속에 얼마나 두툼한가?' 까지 맞춰 낸다고 합니다.

일본 도쿄의 번화가인 긴자(銀座)에서 남성을 상대로 하는 고급 클럽에서의 장사에 대한 철칙을 쓴 책을 읽으면 그녀[11]들은 손님을 맞이하는 순간 '지갑 속에 어느 정도 들어 있는가?', '이 사람은 자기 돈으로 마시는 사람인가, 아니면 회사 돈으로 마시는 사람인가?' 까지 알 수 있다고 쓰여 있습니다.

여자의 직감은 뛰어나지만 이들은 사실 인간의 머리로 생각하는 것이 아닐지도 모릅니다. 오랜 경험이나 직업 근성이 그녀들의 직감을 발달시키지 않았나 싶습니다.

또 대부분의 경우 지위나 연봉, 지갑 속사정 등은 '시계를 보면 알 수 있다' 고 합니다. 따라서 이러한 접객업 여성들은 '남

---

❶ 일본 긴자의 접객업 여성은, 나름대로 교양과 화젯거리, 접객 방법 등을 연구하여 남성 손님들을 대응하는 경향이 있다.

성의 시계는 어떤 디자인이 유행하고 있고, 가격은 얼마 정도이다'를 염두에 둡니다. 그리고 힐끗 손님의 시계를 보면 그 사람의 대략적인 연봉과 사회적 지위를 가늠한다고 합니다.

따라서 그런 직종의 여성들은 남성 이상으로 시계의 가격과 유행 등을 잘 받아들이기 때문에 대부분의 경우 이들이 보는 것은 시계지만 '옷이나 넥타이 등을 본다'는 사람도 있습니다.

티파니 뉴욕 본점에서의 체험

나는 외출할 때 편한 옷을 입고 다닙니다.

이전에 내가 공무로 뉴욕에 갔을 때도 그랬습니다. 뉴욕에는 강도와 소매치기, 도둑이 많으므로 될 수 있는 대로 돈을 가지지 않은 것처럼 보이지 않으면 위험해서 마음 놓고 걸어 다닐 수 없습니다. 반면에 너무 허술한 차림을 하고 다니면 고급 상점 등에서는 상대해 주지 않는 경우도 있습니다.

그때 나는 비교적 허름한 모습을 하고 있었는데도 티파니 뉴욕 본점에 들렀을 때 상점 사람들은 나에 대한 대응을 얼른 바꾸었습니다. '이 사람은 허름한 차림이지만 돈을 가지고 있다'고 순식간에 알아본 것입니다.

왜냐하면 내 옆에서 수행(遂行)하는 사람의 태도가 심상치 않았기 때문입니다. 내가 아무리 평상복과 싸구려 선글라스를 쓰고 산책해도, 옆에서 수행하는 사람의 태도나 행동을 보면 내가 어떤 사람인지 추측할 수 있을 것입니다. 티파니 점원은 그런 모습을 보고 나를 간파했던 것입니다.

여성의 최대 무기는 역시 사람을 간파하는 데에 있습니다. 그때 상대의 취미까지 간파한다면 더 좋을 것입니다.

그렇게 남자를 자유롭게 넘겨다 볼 수 있는 마법을 가진 여성이 장사를 하면 꽤 잘 하겠지만, 상대의 기분을 읽을 수 없는 타입의 여성, 상황을 읽지 못 하고 분위기 파악을 못 하는 타입의 여성은 성공과는 거리가 멉니다.

따라서 여성 경영자로서 성공의 첫걸음을 위해서는 감성에 기반을 둔 직감력이 매우 중요합니다.

여성 경영자에게
필요한 다른 능력

일종의 남성 두뇌를 몸에 익혀라

여성 경영자는 고객의 입장에 서서 만사를 감성적으로 생각하는 능력을 가지고 있어야 합니다만, 한 걸음 더 나아가 논리적 사고의 능력도 지니고 있어야 합니다.

실제로 여성은 논리적으로 생각하는 것이 서투릅니다. 이것을 할 수 있는 사람은 이과 계통의 수재 여성입니다. 또 법학과나 경제학과 등에서 공부를 한 여성이나 그런 방면에서 직업 훈련을 쌓은 여성도 다소 논리적이긴 합니다.

이렇게 생각할 수 있는 사람은 일종의 남성 두뇌의 소유자인데 여성 경영자는 실제로 이러한 남성 두뇌의 부분을 일부분 가지고 있어야만 합니다.

남성 두뇌의 특징은 기본적으로 '생각이 논리적이다. 생각할 때 일종의 논리 구성, 논리의 전개를 할 수 있다' 는 것입니다.

감성은 오징어나 문어처럼 흐늘흐늘하고, 연체동물처럼 꽤 유동적인 것인데, 이 남성적인 것은 척추에 해당하는 것입니다.

이 척추에 해당하는 것을 만들고 그것을 발달시켜갈 수 있는 여성이 경영자로서 적합합니다.

따라서 이 척추에 해당하는 것을 계속 생각하는 것이 중요합니다.

경영 이념은 두개골, 중심적인 직무, 사명은 척추에 해당

척추 위에는 두개골, 즉 머리가 얹혀 있습니다. 이 머리에 해당하는 것은 도대체 무엇일까요?

그것은 기업의 '경영 이념' 이라고 하는 것입니다. 경영 이념이라는 말은 자주 사용되고 있기는 하지만 어려워서 도통 뭔지 모르는 사람도 있을 것입니다.

경영 이념이란 '우리 회사는 무엇을 위해 존재하는가?' 라는 질문에 대한 답변입니다. 즉 우리 회사가 이 세상에 존재하는 이유입니다.

이 우리 회사는 무엇을 위해 존재하는가?라는 질문을 항상 새김질하는 사람이 경영자입니다. 경영자는 출근 도중에도, 회사에서 퇴근할 때도, 점심시간에도, 밤에 자고 있을 때도, 화장을 지우고 있을 때도 '우리 회사는 무엇을 위해 존재하는가?'에 대해 자문자답하여 경영 이념을 확실히 세우고 있어야만 합니다.

경영 이념을 물고기로 말하자면 살을 발라낸 후의 두개골에 해당하는 부분입니다.

그러면 척추에 해당하는 부분은 그 회사에서의 '중심적인 일' 입니다.

요컨대 '우리 회사 직원들이 먹고 살기 위한 중심적인 일은 도대체 무엇인가?' 라는 것, 말을 바꾸면 '우리 회사는 도대체 무엇을 필리고 하는가?', '우리 회사는 사람들에게 무엇을 서비스하고 있는가?' 라는 구체적인 부분에 일관된 태도를 취하는 것이 척추 부분입니다.

예를 들어 현재 일본의 모 대형 항공사는 경영 재건의 과정에 있습니다. 이전에 그 회사를 외국이 인수하려고 한 적도 있었습니다만, 결국 국가가 구제에 나섰습니다.

그 항공사의 재건 문제가 세간의 주목을 받고 있었을 무렵, 운 나쁘게도 그 회사를 모델로 한 영화가 개봉되고 거기서는 이십 몇 년 전에 일어난 여객기 추락 사고도 다루고 있었습니다. 그 회사로서는 사람들이 잊고 있었던 사고였는데 매우 곤란한 점이 있었을 것입니다.

결국 그 영화는 '항공사의 사명은 도대체 무엇인가?'에 대한 물음이기도 했다고 생각됩니다.

여기가 역시 항공사의 척추에 해당하는 부분이겠지요. 이 물음에 대해서는 고객의 안전을 지키는 것으로 일관해야 한다고 생각합니다.

그러한 고객의 안전을 지킨다는 관점에서 경영 합리화를 생각한다면 역시 합리화해도 되는 점과 안 되는 점이 있습니다. 합리화해야 하는 불필요한 부분과 절대로 어중간하게 해서는 안 되는 부분이 있습니다.

경영의 합리화를 금전적인 면에서 보면 '비용절감'이 중요합니다. 경리적인 입장에서는 줄어드는 금액이 같다면 어떤 부분을 줄여도 상관없는 것입니다.

다만 경영 합리화에 임해서는 역시 '항공사의 척추에 해당하는 부분, 가장 중요한 일은 무엇인가?'를 생각해야 합니다.

고객 모두가 가장 불안하게 여기는 것은 '생명의 위협 없이 목적지에 도착할 수 있는가?'라는 것입니다.

따라서 항공사는 '승객의 생명과 안전을 지킨다'에 대한 문제는 절대로 어중간해서는 안 됩니다. 그것은 척추에 해당하는 부분이고 가장 중요하게 보지 않으면 안 되는 부분이기 때문입니다.

모 항공사에서 보이는 나쁜 서비스의 실제 사례

두개골이나 척추 외에 척추에서 가로로 뻗어 나와 옆구리를 보호하는 뼈의 부분이 있습니다.

여기는 회사의 각종 서비스에 해당되는 곳이라고 할 수 있습니다.

항공사는 '여객기의 퍼스트클래스가 승객으로 꽉 차면, 다른 클래스 승객이 하나도 없어도 대략 채산은 맞는다'라고 합니다. 그러나 퍼스트클래스 서비스가 비즈니스클래스와 이코노미클래스와 차이가 없다면 승객은 만족하지 않을 것입니다.

퍼스트클래스 승객에게 만족감을 주기 위해서는 역시 기술이 필요하다고 봅니다. 그런데도 설명서에 따르자면 이렇게 해야 합니다라고 매뉴얼만 들이대고 같은 대응만을 계속한다면 아무래도 서비스는 나빠집니다.

나는 앞서 언급한 항공사 여객기의 퍼스트클래스를 탄 적이 있습니다. 내 이름을 부르며 '잘 오셨습니다'라고 인사를 하는 것은 좋았지만 제공된 식사는 밥알이 딱딱해서 맛이 없었습니다.

항공 요금 중 식비 부분은 정말 얼마 되지 않지만 기내식이 맛있는가?는 중요합니다. 지금 다른 업계에서는 음식 부분에 매우 주력하고 있습니다. 가장 심혈을 기울여 신경 쓰는 부분입니다.

예를 들어 슈퍼마켓을 살리기 위해서, 고객이 식자재를 필요로 하는 시간대인 저녁 무렵에 튀김을 잘 튀기는 방법을 시연(試演)하면서 그것을 팔고 있습니다. 또한 저녁 무렵에 회를 떠서 매장에 진열하고 있습니다. 슈퍼마켓에서는 그런 식으로 신선도를 유지하는 노력을 하고 있으며 다른 곳에서도 똑같은 노력을 하고 있습니다.

항공사에서는 식사에 관해서 퍼스트클래스라면 퍼스트클래스용으로 외주를 하기 때문에 당연히 어딘가의 업체가 들어와 있겠지만 '그 식사를 실제로 먹을 때 어떤 상태로 제공되는가?'를 점검하고 확인해야 합니다. 항공사에 따라서는 기내에서 밥을 지어서 갓 지은 밥을 제공하는 곳도 있습니다.

또한 서비스의 내용을 고객이 이미 알고 있다는 것도 아쉬운 일입니다. 다음에는 이런 서비스가 나올 것이다라고 미리 알고 있으면 손님의 입장에서는 감동받지 않습니다.

여기에 대해 앞에서 서술한 항공사의 예를 들어보겠습니다.

대기실에서 탑승을 기다리는 동안에 서비스로 과자와 차가 나온 적이 있습니다. 그 자리에서 과자를 먹고 차를 마셨는데 기내에 탑승하자마자 똑같은 과자가 다시 한번 나왔습니다. 이것은 사내에서 연계가 잘 되지 않았다는 것입니다.

물론 그것을 대기실에서 먹지 않았던 고객에게는 같은 것을 내도 상관이 없겠지요. 그러나 그것을 먹은 손님에 대해서는 동일한 것이 아니라 다른 종류를 내는 것이 좋습니다. 사소한 것이지만 그런 것에 신경을 쓰지 못하는 것은 분명히 다른 업계에 대한 공부가 부족하기 때문이겠지요.

감동을 부르는 초일류 호텔 서비스란

나는 호텔에 묵는 일이 많아서 각 호텔의 서비스의 차이도 잘 알고 있습니다.

유명한 최고급 호텔들의 프런트 직원들은 체크인을 마친 투숙객과 이제부터 체크인을 할 사람을 잘 기억하고 있다가 '어서 오십시오'와 '다녀오셨습니까?'를 구분하여 사용합니다. 여기에 대해서는 역시 '대단하다'고 느낍니다.

'어서 오십시오'와 '다녀오셨습니까?'의 사용을 잘못하면 숙박하는 사람을 모른다는 것이 됩니다. 처음 도착한 사람에게 '다녀오셨습니까?'라고 한다면 그것도 얼빠진 일입니다.

하지만 이미 하룻밤 머문 사람이 둘째 날 외출에서 돌아왔을 때 '다녀오셨습니까?'라는 말을 들으면 '아, 나를 기억하는구나'라고 느낍니다. 이것은 일종의 감동 체험이겠지요. 게다가 전날 안내해 준 사람이 아닌 다른 사람에게 '다녀오셨습니까?'라는 말을 들으면 그 감동은 한층 크게 느껴집니다.

이런 면이 숨겨진 매력입니다. 이런 서비스를 시행하는 호텔은 호텔 이용자에 의한 평가에서 호감도가 가장 높게 집계되고 있습니다.

내가 특히 감탄한 것은 접객을 해 주었던 사람이 아닌 다른 사람이 '다녀오셨습니까?'라고 했을 때입니다. 그 직원들은 호텔에 들어오는 사람을 보고 '쇼핑 등 외출하고 돌아온 사람인가?' 를 아는 것입니다.

또 다른 예를 든다면, 처음 방문한 호텔에 체크인을 할 때 프런트에서 내 이름을 말해서 놀란 적이 있었습니다.

이것은 사실, 호텔 밖에 있는 도어맨이 소형 통신기기를 감추고서 손님의 수하물에 적힌 이름을 보고 '○○님이 도착하셨습니다' 라고 작은 마이크로 프런트에 전달하고 있었던 것입니다. 프런트는 그것을 듣고 '○○님, 어서 오십시오' 라고 손님을 맞이하는 것입니다.

그런데 손님 쪽에서는 매우 놀라고 감동을 받습니다. 처음 방문한 호텔 프런트인데 자신의 이름을 알고 있기 때문에 '어떻게 내 이름을 알고 있는 거지?' 라고 놀랍니다. 사실은 무선으로 사전에 연락이 되어 있는 것입니다.

초일류 호텔이 되면 거기까지 신경 쓰고 있습니다. 그런 호텔과 아무리 기다려도 아무 서비스도 나오지 않는 료칸(旅館, 일본의 전통식 숙박 시설)과 같은 곳은 상당한 차이가 나게 됩니다.

경영자는 회사에서 두개골에 해당하는 부분과 등뼈에 해당하는 부분을 제압하면서, 또한 지엽적인 것이 되지만 갈비뼈에 해당하는 다양한 서비스를 충실하게 해 나가야 합니다.

이러한 절차를 만들어 가는 능력, 즉 여러 가지 시행착오를 거치며 업무와 서비스 방식을 정해 회사로서의 형태를 만들어 가는 능력, 확실한 조직의 기반을 만드는 능력을 발휘할 수 있다면 그 사람은 경영자로서 회사를 키워 갈 자격이 있습니다.

소프트웨어의 표준화가 성공의 비밀

그런 의미에서 소프트웨어의 표준화에 성공하지 못하면 회사는 절대로 커지지 않습니다. 중요한 것은 '소프트웨어를 표준화할 수 있는가, 아닌가?' 입니다.

예를 들어 이 장(章)에서는 경영학과 사장학에 대해 내가 생각하는 소프트웨어를 표준화하려고 하고 있는데 이것이 성공하면 확장해 갈 수 있습니다. 하지만 표준화에 성공하지 못하면 케이스스터디 정도로 '이런 경우에는 이렇게 됐다' 라고밖에 말할 수 없습니다.

이 표준화는 마이크로소프트의 빌 게이츠가 제시한 전략입니다. 그의 회사는 윈도우즈라는 소프트웨어를 발매해서 세계에 퍼뜨렸습니다.

1990년대에 그의 회사가 '윈도우즈 95'를 출시했을 때 나는 그의 인터뷰를 듣고 있었는데, 리포터가 '성공한 비결은 어디에 있습니까?' 라고 묻자 그는 다음과 같이 대답했습니다.

'한마디로 표준화입니다. 자신의 제품을 세계 표준으로 만드는 것입니다. 그러면 시장은 확대됩니다. △△에서가 아니면 통용되지 않는 것이어서는 안 됩니다. 우리 회사는 세계 표준이 된다는 것을 항상 목표로 하고 있습니다. 우리 회사에서 만든 것이 미국 국내뿐만 아니라 일본이든 한국이든 어디서나 사용할 수 있게 되면 시장은 확대됩니다. 그렇게 세계 표준에까지 끌어가는 것, 이것이 성공의 비결입니다. 세계 표준이 되는 것들을 만들 수 있으면 그것을 몇 년에 한 번 업데이트하기만 해도 충분히 먹고 살 수 있게 되어 회사는 커집니다. 표준화에 성공하지 못한 곳은 커질 수 없습니다. 이것이 성공의 비결입니다.'

그렇게 말하면서 그는 성공의 비밀을 밝히고 있었는데, 그렇게 말해도 괜찮은 것은 그에게 자신이 있었기 때문입니다. '나는 할 수 있지만 다른 사람은 그렇게 쉽게 할 수 없을 것이다' 라고 생각하기 때문에 그 비밀을 공개하는 것입니다. 표준화는 그렇게 쉽게 이루어지는 것이 아닙니다.

따라서 조직으로 크게 성장하고 싶다면 '어떻게 뛰어난 것을 만들고 그것을 표준화해 가는가?' 가 중요합니다.

예를 들어 같은 브랜드의 체인점이라고 하더라도 가게에 따라 맛과 서비스가 다르다면 손님은 실망을 금할 수 없을 것입니다. 그것만으로 가게의 신용은 떨어집니다. 한편, 어느 체인점을 가도 고객 니즈에 맞는 것을 제공한다면 손님은 만족했다고 느낍니다.

사업의 원점이란
무엇인가

손님이 기대하는 서비스를 제공할 수 없는 곳은 망한다

제1장에서 서술했듯이, 몇 년 전에 고급 식당이었던 센바킷초는 손님이 먹다 남긴 것을 재사용한 것이 발각되어 폐업하게 되었습니다.

만약 그 나쁜 이미지가 전국의 다른 킷초에까지 확대되면 고급 식당의 이미지가 완벽하게 무너져 버리기 때문입니다. 그래서 '센바킷초에서만 그런 일이 있었다'는 것을 어떻게 해서든 증명해야 했고, 센바킷초를 폐업시켰던 것입니다. 그렇지 않으면 '다른 킷초도 마찬가지겠지'라고 사람들이 생각하기 때문입니다.

그밖에도 비슷한 예가 있습니다.

나는 이전에 토쿠시마(德島) 역 앞에 있는 호텔에 투숙한 적이 있습니다. 그 호텔에서 아침식사로 프렌치토스트를 주문했었는데 너무 맛있었기 때문에 '토쿠시마에서 이렇게 맛있는 프렌치토스트를 먹을 수 있다니 놀랍다'고 감동했습니다.

그래서 다음날 아침에도 또다시 프렌치토스트를 주문했습니다만, 이번에는 전혀 맛이 달랐습니다. 아마 담당 요리사가 주말에 쉬는 바람에 다른 사람이 만들었던 것 같습니다.

첫날에 나온 것은 매우 촉촉하고 노릇하게 잘 만든 것이었지만, 다음날의 것은 가운데가 거의 까맣게 타 있었습니다.

나는 주문하지 말 걸 그랬다고 생각했는데, 그 호텔은 그 후 한 번 도산한 적이 있었으므로 고객의 평판이 좋지 않다고 볼 수 있습니다. 그 호텔은 현재 다시 일으키려고 노력 중인 것 같습니다만, 세상은 냉정한 법이어서 고객의 기대에 어긋나는 곳은 가망이 없습니다.

또 시즈오카(靜岡) 방면 여행 책자에도 자주 실리는 유명한 료칸이 있습니다. 아마 광고를 열심히 하고 있는 것 같습니다.

내가 시즈오카 쪽에 갈 때 비서가 '이 료칸은 어떻습니까?'

라며 그 료칸을 몇 번이나 추천했지만 나는 가지 않았습니다.

왜냐하면 옛날 거기에 머물렀을 때 받은 나쁜 인상을 아무래도 지울 수 없었기 때문입니다. 그때 나는 별실에 묵었는데 식사로 나온 요리가 모두 식어 있었습니다. 요리를 별실까지 가지고 오는데 시간이 걸렸을지도 모르지만 다 식어 있었기 때문에 '손님에게 이렇게 식은 것을 내다니?' 라고 느꼈습니다.

그 후로는 '이곳은 시즈오카에서 가장 좋은 료칸입니다' 라고 몇 번이나 들어도 나는 믿을 수가 없었습니다.

대부분의 고객은 클레임을 말해 주지 않는다

나는 예전에 치바 현(千葉縣)의 우라야스(浦安) 부근에서 강연회와 세미나를 개최하고 있었는데 당시에 새로 오픈한 호텔에 투숙한 적이 있습니다.

그 때의 이야기는 전에도 말한 적이 있는데(《경영 입문》 제3부 제3장 참조), 주문한 지 30분이나 기다려 나온 커피가 다 식어빠진 것이었습니다.

커피가 30분이나 늦게 나왔는데도 다 식어빠진 것이었는데 그것은 서비스라고 할 수 없습니다. 한 번 그런 커피를 마시게 되면 다시는 거기에 묵고 싶지 않게 됩니다.

그러나 손님들은 가차 없이 냉정한 법이어서 그런 클레임(고충)을 말해 주지 않습니다. 호텔 측은 '뭔가 고충이 있으면 써 주십시오'라는 고객 불만 접수 용지를 비치하고 있지만 10명 중 1명도 써 주지 않습니다.

그것을 쓴다는 것은 최후통첩을 날리는 의미이므로 두 번 다시 묵지 않는다는 맹세를 할 때 이외는 쓰지 않습니다.

나도 한두 번 클레임을 적어낸 적이 있는데 그곳 객실 담당은 그 종이를 본 순간 몸을 부들부들 떨고 있었습니다. 손님이 그 종이를 적어낸다는 것은 클레임 이외에는 없기 때문에, 내가 적어서 낸 단계에서 그것을 읽어 보기 전에 이미 파랗게 질려 떨기 시작했습니다.

그곳은 교토의 오랜 전통을 가진 격식 있는 료칸으로 길 하나를 사이에 두고 서로 마주보고 서 있는 여관이었는데 그 후로 그곳에는 두 번 다시 묵지 않았습니다.

그 료칸에 묵었을 때 나는 '수건에서 곰팡이 냄새가 난다'라는 클레임을 써냈습니다. 그때까지 몇 번이나 묵었는데 늘 곰팡이 냄새가 났기 때문입니다. 곰팡이 냄새로 오랜 전통을 가진 좋은 료칸이라고 연출하고 있다면 몰라도, 수건에서 곰팡이 냄새가 난다는 것은 사용한 수건을 장시간 방치해 두었다가 세탁했다는 것을 의미합니다.

따라서 그곳이 제아무리 유명한 료칸이라고 해도, 그곳 여주인이 책을 낸 적이 있다고 해도, 나는 다시는 그곳에 묵을 생각이 없습니다.

나는 그런 클레임을 적어냈는데 역시 그렇게 써내고 나면 두 번 다시 묵지 않게 됩니다. 손님에게 '자유롭게 여러분의 의견을 써 주세요'라고 해도 손님이 실제로 그것을 써낼 때는 그것으로 마지막이며, 두 번 다시 오지 않습니다. 보통은 아무것도 말하지 않고 더 이상 가지 않게 됩니다.

사업의 원점은 리피터를 계속 늘려서 새로운 시각의 고객을 늘리는 일

이것은 종교에서도 마찬가지라고 생각합니다. 종교단체는 신자가 떠나가는 이유를 자세하게 추적해 보지는 않지만 그렇게 되는 어떤 이유가 있다고 봅니다.

예를 들어 '지부장이 싫다'라든지, '여성 부장이 싫다'라든지, '지부의 분위기가 싫다'라든지, '설법 등 소프트웨어의 내용이 나쁘다' 라든지, 이유는 여러 가지가 있겠지만 안 오는 사람의 본심을 알기란 꽤 어렵습니다.

안 올 때는 말없이 안 오기에 '어떻게 해서든 고정 신자를 만들고 새로운 신자를 늘려갈 것인가?' 가 중요합니다.

그렇게 '리피터(반복적으로 찾아오는 사람)를 늘리면서 새로운 고객도 늘리며, 동시에 수준도 낮추지 않는다' 는 것이 모든 사업의 원점이며, 이를 위해서는 고객의 기대를 저버리지 않는 것이 매우 중요한 일입니다.

마지막으로 이 장에서 언급한 것을 총괄해 보겠습니다.

인간학과 감성을 기반으로 한 직관이 매우 중요하지만, 회사를 크게 하고 싶다면 이른바 논리적인 사고방식도 필요하며, 일관되게 하는 것이 중요합니다.

그렇게 일관적으로 하는 것은 어떤 의미에서 표준화이기도 합니다. 이러한 표준 모델을 만드는 노력을 해주십시오.

또 리피터를 만드는 노력을 아끼지 마십시오. 어떤 사업에도 리피터가 있는 곳은 쉽게 망하지 않습니다. '계속해서 와 주시고, 게다가 새로운 손님도 많아진다' 라는 상태가 가장 바람직합니다.

그러한 상황을 만들어낼 수 있다면 불황에도 강한 기업이 될 수 있습니다.

따라서 결코 고객의 탓으로 해서는 안 됩니다. 기본적으로 자신들이 더 문제라고 생각해야 합니다. 고객은 좀처럼 속내를 말해 주지 않기 때문에 그것을 감지하는 능력을 키우는 것이 매우 중요하다고 봅니다.

'여성을 위한 경영 입문'이라는 주제로 서론적인 내용을 서술했습니다. 어떤 식으로든 참고가 되었으면 하는 바람입니다.

후기

　무릇 경영에 뜻이 있는 사람이라면 또는 비즈니스에서 성공을 목표로 하는 사람이라면, 틈만 나면 이 책을 되풀이 정독해야 한다. 비즈니스론, 경영론의 정수가 인간학의 원조에 의해 통찰하고 있는 것을 알 수 있을 것이다.

　혼자서 만족하지 말고 나날이 연구를 게을리 하지 않을 것과 또한 밝은 미래를 믿고 사원들에게 꿈을 보여 주기 위해서도, 반드시 신앙인으로서의 입장을 가져 주기 바란다.

　이 책은 영적인 빛으로 가득한 경영 입문이기도 하다.

2011년 7월 26일
행복의 과학 그룹 창시자 겸 총재
오오카와 류우호오

이 책은 다음의 법화를 바탕으로 구성하였습니다.

제1장 정리될 예비군에게 주는 경고 (2009년 2월 18일 법화)
제2장 불황을 이기는 사원학 입문 (2009년 12월 1일 법화)
제3장 행복의 과학적 직무법 (1996년 10월 11일 법화)
제4장 여성을 위한 경영 입문 (2009년 11월 19일 법화)
원제 '여성을 위한 경영 입문' 강의

『불황을 완벽하게 타개하는 법칙』
오오카와 류우호오 저작 참고문헌

『경영 입문』 (행복의 과학 출판 간행)
『사장학 입문』 (상동)

불황을 완벽하게 타개하는 법칙

2012년 7월 5일 제1판 1쇄 발행

지은이 / 오오카와 류우호오
옮긴이 / 김지현
펴낸이 / 강선희
펴낸곳 / 가림출판사

등록 / 1992. 10. 6. 제4-191호
주소 / 서울시 광진구 중곡2동 161-27 경남빌딩 5층
대표전화 / 458-6451   팩스 / 458-6450
홈페이지 / www.galim.co.kr
전자우편 / galim@galim.co.kr

값 11,000원

© 오오카와 류우호오, 2012

저자와의 협의하에 인지를 생략합니다.

불법복사는 지적재산을 훔치는 범죄행위입니다.
저작권법 제97조의 5(권리의 침해죄)에 따라 위반자는 5년 이하의 징역
또는 5천만 원 이하의 벌금에 처하거나 이를 병과할 수 있습니다.

ISBN 978-89-7895-364-1 13320

가림출판사 · 가림M&B · 가림Let's의 홈페이지(http://www.galim.co.kr)에
들어오시면 가림출판사 · 가림M&B · 가림Let's의 신간도서 및 출간 예정 도
서를 포함한 모든 책들을 만나실 수 있습니다.
온라인 서점을 통하여 직접 도서 구입도 하실 수 있으며 가림 홈페이지 내에
서전국 대형 서점들의 사이트에 링크하시어 종합 신간 안내 및 각종 도서 정
보, 책과 관련된 문화 정보를 받아보실 수 있습니다.
또한 홈페이지 방문시 회원으로 가입하시면 신간 안내 자료를 보내드립니다.